THE SEMIOTICS OF EMOJI

The Rise of Visual Language in the Age of the Internet

占领世界的表情包
一种风靡全球的新型社交方式

［加拿大］马赛尔·达内斯（Marcel Danesi）◎著

王沫涵◎译

ZHEJIANG UNIVERSITY PRESS
浙江大学出版社

图书在版编目（CIP）数据

　　占领世界的表情包:一种风靡全球的新型社交方式 /
（加）马赛尔·达内斯(Marcel Danesi)著；王沫涵
译. —杭州：浙江大学出版社，2018.1
　　书名原文:The Semiotics of Emoji：The Rise of
Visual Language in the Age of the Internet
　　ISBN 978-7-308-17711-5

　　Ⅰ.①占… Ⅱ.①马… ②王… Ⅲ.①互联网络—表
情—码—应用—社会交往—研究 Ⅳ.①C912.3-39

中国版本图书馆 CIP 数据核字(2017)第 318242 号

　　ⓒMarcel Danesi，2016
　　This translation is published by arrangement with Bloomsbury
Publishing Plc.

浙江省版权局著作权合同登记图字:11-2017-360

占领世界的表情包：
一种风靡全球的新型社交方式
[加]马赛尔·达内斯　著　王沫涵　译

策　　划	杭州蓝狮子文化创意股份有限公司	
责任编辑	杨　茜	
责任校对	李　晨	
出版发行	浙江大学出版社	
	（杭州市天目山路 148 号　邮政编码 310007）	
	（网址:http://www.zjupress.com）	
排　　版	杭州中大图文设计有限公司	
印　　刷	杭州钱江彩色印务有限公司	
开　　本	880mm×1230mm　1/32	
印　　张	8.875	
字　　数	170 千	
版印　次	2018 年 1 月第 1 版　2018 年 1 月第 1 次印刷	
书　　号	ISBN 978-7-308-17711-5	
定　　价	45.00 元	

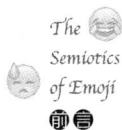

> "整个世界都不可理喻，为什么我的画
> 一定要合乎情理？"
>
> ——巴勃罗·毕加索

2015 年发生了一件值得人们关注的事。 一个"喜极而泣"（笑哭）的表情符号😂被《牛津词典》评选为"年度热词"。 作为一个图形符号，这个表情虽然不属于词语，却被全世界最权威的字典之一选中。 更不可思议的是，这个决定并没有惹怒传统语言文字的捍卫者（例如学者、教师、语言纯粹主义者等），也没有招来任何来自他们的激烈批评。从很多角度上来说，这件不同寻常的事都标志着人际交流甚至人类认知范式已发生彻底转变。

《牛津词典》在其官网上解释称，之所以选择图形符号而非词语作为年度词汇，是因为它"捕捉到了本年度的时代气质、情绪及关注点"，反映了"2015 年表情符号在全世界的极速传播"。 这种现象是否表明，随着 Web 2.0 技术的到来，以印刷为主的读写能力正变得越来越不重要？

读写能力的普及要追溯到 15 世纪晚期出现的活字印刷术，印刷品的成本大幅度下降并随之广泛流行起来，使更多社会阶层的人开始学习阅读和书写。 但在过去的几十年中，这种 16 世纪甚至更早以来就盛行的文字形式正逐渐丧失其社会价值和优势，正如《牛津词典》年度词汇所暗示的那样，互联网时代对书写实践提出了新的要求，传统的文字形式因此被降级和边缘化。

互联网催生了新的阅读及书写形式。 牛津大学出版社与移动科技公司 SwiftKey 的联合研究显示，笑哭表情占英国 2015 年所有表情符号使用率的 20％以上，在美国该比例为 17％。 由此可见，表情符号在全世界变得越来越流行，因此，来自不同语言及文化背景的人们能更具体地与彼此交流和互动；同时，跨文化交流也突破了详细文本及其包含的社会政治意识形态划定的界限，变得越来越简单便捷。 在如今这个"集结全球智慧"的时代，既定的文化屏障似乎已开始分崩离析。

本书将试图解读表情符号对每个人的重要意

义。 在"电子地球村"时代，来自不同文化和语言背景的人们以网络互动的方式频繁联络，表情符号或许正好可以充当通用语言，帮助解决以往国际交流中经常出现的理解难题。 表情符号最初仅应用于日本电子信息与网页中，如今却风靡全球，无论人们的语言及文化背景是什么。 表情符号承载着许多对于未来写作行为、读写能力甚至人类意识方面的影响。 符号普遍具有示意（recalling）的功能，比如由符号组成的布力辛博语可代替多变无常的注音文字系统。 因此，表情符号也许是书写与阅读演变发展的信号，当然，它也可能只是昙花一现。 无论是哪种情况，研究表情符号现象都有充足的意义。

本书主要以非学术的方式，从符号学的角度解析表情符号，普通读者也能理解本书探讨的主题。 我会重点解释表情符号是如何以具体、示意、正式的符号学方式彼此关联的，同时避免引用偏学术的专业词汇或复杂的符号学理论概念。 但是，我也不会完全绕开专业知识不谈，因为这样会稀释我对主题的见解。 当出现专业的概念时，我会尽可能具体地给出解释，书中所有内容都是认真思考的结果。

本书中的大部分分析基于多伦多大学统计整理的某数据库；该数据库由使用了表情符号的短信组成。4名大学生组建的研究团队负责收集了这些信息，他们是：娜迪亚·格拉里诺（Nadia Guarino）、索里·杜巴什（Soli Doubash）、莉莉·车（Lily Che）及伊冯·团（Yvone Tuan）。他们的主要任务有二：(1)收集能进行一手表情符号分析的真实文字材料；(2)采访由同校 100 名本科学生组成的"研究对象小组"，所有研究参与人员需被提前筛选、确定为表情符号的高频使用者，并且自愿、积极参与本书的研究计划。此外，小组的研究对象男女人数也相同，各 50 名，以便分析性别是否是表情符号使用的影响要素。研究对象的年龄区间为18～22岁。他们一共提供了 323 条私人短信、推特文字或其他社交媒体上的文字材料。这些信息由研究对象提交，在本书中的应用也得到了对象本人的伦理许可。隐私信息已根据需要从短信或其他材料中删除。总之，研究对象小组发挥了"田野调查实验室"的作用，可直接在此群体中进行表情符号使用的研究。

表情文字是互联网时代的产物，当然，此前也出现过相似的文字系统，譬如接下来的章节中将会展示的中世纪及文艺复兴时期文本。在本书中，我将尽力探究表情符号时下兴起的缘由以及它与读写能力、人际交流、人类意识之间的相互联系，并探寻这样的联系带来的社会及哲学价值。

The Semiotics
of Emoji

占领世界的
表情包：
一种风靡全
球的新型社
交方式

004

The
Semiotics
of Emoji

目录

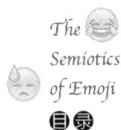

第一章
时代造就的新型文字

第二章
万能的表情符号

第三章
是语言还是图案？

The Semiotics of Emoji

占领世界的
表情包：
一种风靡全
球的新型社
交方式

002

第四章
表情符号的语义学

第五章
表情符号也有语法

The Semiotics
of Emoji

占领世界的
表情包：
一种风靡全
球的新型社
交方式

004

Emoji and Writing Systems

第一章
时代造就的新型文字

书写就是分享，分享是人类的天性。

——保罗·科埃略（1947— ）

前言中提到的《牛津词典》"年度热词"一事并不是在 2015 年能体现表情符号具有的越来越多交际及社会意义的个例。音乐家、艺术家、政客及广告商等开始在推特（Twitter）、脸书（Facebook）页面及其他线上平台使用表情符号。就连著名音乐艺术家、甲壳虫乐队成员保罗·麦卡特尼爵士（Sir Paul McCartney）也被即时通信软件 Skype 邀请，为最新版本的应用设计十款名为"爱意满满"（Love Mojis）的动态表情。十款表情中有三个分别叫作"调情香蕉""热情章鱼""相扑丘比特"，它们会在情人节发布。这些动态表情随着麦卡特尼创作的音乐旋转扭动。"调情香蕉"甚至跳着脱衣舞,脱下自己的香蕉皮。

Skype 曾推出与各类时下流行元素相关的定制动态表情,从主流电影工作室制作的电影画面到向印度传统致敬的标志形象。其实,Skype 的做法不算少见。现代社会似乎在急切地接纳表情符号,用它打造更新更酷的书写及交流风格。这种急切不仅表现在成长在数字世界的千禧一代,而且延伸到几乎每个人身上,从保罗·麦卡特尼到希拉里·克林顿。后者的表情符号可以在苹果或安装了安卓系统的手机上使用,取名为"希拉里表情"(Hillmoji)。每年 7 月 17 日甚至成了"世界表情日",庆祝日益发展的表情包文化。然而,据我了解,在这之前历史上从未出现过类似的节日——假如有个"世界元音日",生活在印刷时代的人们肯定会觉得它琐碎、无趣甚至讽刺。

表情符号的流行恰好提出了几个关键问题,比如我们现在如何沟通以及为什么我们会用这种漫画书风格的新交谈方式。在尝试解答这些问题前,后退一步、了解书写系统的本质以及它在人类生活中的角色和发展会很有帮助。本章主要介绍这方面的背景内容。我们在回顾历史之后,才能搭建起相关的理论框架,进而从符号学角度讨论表情符号现象。所以,本章节将概括介绍表情符号的起源,简明扼要地讲述书写系统及各种形态下书写系统的社会体现,同时保证

The Semiotics of Emoji

占领世界的
表情包:
一种风靡全
球的新型社
交方式

004

相关探讨通俗且基础。最后，本章还将介绍本书应用的研究方法及符号学工具。

表情符号的诞生

表情符号的英文名"emoji"源自它的日文名"絵文字"——"e"的意思是"图"，"moji"代表"字母、字符"。所以，它的定义很简单，就是"图形文字"，名字十分精准地描述了它的特性。表情符号的英文名称"emoji"单复数同形，不过现在似乎加 s 的复数形式（emojis）更常见。表情与字符符号（emoticon）有所不同，最早出现的一批是由一名日本电信从业者栗田穰崇（Shigetaka Kurita）于 1998 年设计创作的。据说栗田穰崇是漫画迷，于是就用更形象生动的漫画形式取代了更偏平面设计的字符符号。事实上，1997 年，随着互联网不断崛起，许多用户开始在网站和电子邮件中使用 ASCII（American Standard Code of Information Interchange，美国信息交换标准代码），是代表字母与符号、用于传输文本的通用电脑标准编码集。同年，尼古拉斯·罗法兰尼（Nicolas Loufrani）创造出"肖像字符表情"，代替纯用标点符号组成的字符符号。尼古拉斯是记者富兰克林·罗法兰尼（Franklin Loufrani）的儿子，是 1972 年注册笑脸符号商标权的第一人。他此举的目的是为新闻报道注入积极的生机与活力，刷新以

The Semiotics
of Emoji

占领世界的
表情包:
一种风靡全
球的新型社
交方式

006

往印刷业典型的悲观腔调。很快,笑脸表情便在全世界用作代表"积极"与"快乐"的符号。

为了准确地还原历史,需要解释的是,笑脸表情":)"是由美国平面艺术家哈维·罗斯·鲍尔(Harvey Ross Ball)在1964年创作的。当时,他为某保险公司设计了笑脸图案并印在别针上,以此提升员工士气。之后,笑脸表情在全美乃至全世界掀起了一股风潮,逐渐被全世界知晓。20世纪70年代早期,美国费城的一对创业者——伯纳德和莫里·斯贝恩(Bernard & Murray Spain)兄弟,把生产笑脸马克杯、T恤和标有"祝你开心"的车尾贴当作生意,随后类似产品渐渐丰富了社会风景。1982年,卡内基梅隆大学的一些研究人员在网络论坛上闲聊时吐槽学院里的趣事,但他们突然发现有人偷看论坛上的对话并且当真了。于是,据说这些研究人员发明了标点符号的笑脸":)",用来告诉大家这些消息只是在开玩笑,并不是严肃认真的。十年之后,表情符号出现了,"☺"代替了":)",让原本的表情字符从图形感觉上更加完整。

然而相较之下,使用最广泛的还是栗田穰崇的表情符号。2011年,苹果发布的第5代移动操作系统中纳入了表情符号,自此,栗田穰崇的图形文字符号在各种数字通信平台以及全世界迅速传播。如今,有些电脑键盘上也会标有表情符号,图1.1就是一个典型例子。

图 1.1 带有表情符号的键盘

2015 年统一码联盟发布的 Unicode 8.0 中增加了许多新表情符号（包括可以修改肤色的笑脸表情）。表情符号确实成了新的书写代码，不仅代表了人们使用移动设备在网上交流的方式，而且渗透进从商业广告到政治选举的多个社会领域。统一码（Unicode）是在不同脚本下通行的国际编码标准，它用独一无二的数值定义每个字符，可跨平台、跨程序应用，从而使说不同语言的人也可使用同一套字符体系。

如前言中所讲，表情符号的发展与快速传播象征着人们对书写系统、读写能力及交际行为的理解发生了根本的转变。印刷时代多鼓励甚至强制人们只能用字母文字书写、阅读、传递信息；然而互联网时代提倡结合视听的各类创作方式，辅助字母或非字母文本，多管齐下地编写信息。这种新型的"混合文字"系统本身具有很广泛的含义。它可能暗示着印刷时代迟早会落幕，也表现出当今影响人际交流体系及实践进化的潜在力量。本书接下来会从形式、意思及功能入手，抽丝剥茧地剖析表情符号的意义。

因为表情符号是预先构建、普遍已标准化的图形文字，所以可以说它们是一种新型的人工通用书写代码，但是"表情符号现象"可远不止这些。所以，回顾"书写系统"的概念可以作为我们了解背景知识的参考，方便我们讨论表情符号是不是真的能适应自然生成的书写系统。"人工"是指人类有意识创建的书写系统，而不是在历史语言及文化趋势的影响下，随着时间推移逐渐演化而成的。除此之外，表情符号与传统书写系统相比，显然具有其独特的属性。它们既有直接代指物体的表形功能，又有替代文字描述的表意功能。众所周知，早期书写系统首先是表形的，随后在世界不同地区逐渐演化出表意、表音的文字系统。马歇尔·麦克卢汉断定，公元前一千年左右，文字从表形向表音的转换是人类历史上第一次认知模式的转移，标志着人类从部落社会向文明社会的蜕变。这一切都十分依赖书面形式的交易与记录，以此为全新的集体生活打下基础，保障了新体制的正常运转。

越来越流行的表情符号现在几乎完全取代了字符符号，似乎说明认知模式正经历着第二次转变，这种转变明显地表现在表形文字与表音文字的混合使用。如果这种趋势延续下去并生成一种图形与音节的综合语言，人们甚至可以推断，它正在为文明的升级打下基础,催生一个以通用视觉语言,或者更确切地说,以混合书写系统为主的新世界。如果这一切成真,那么我们阅读和写作的方式不仅会跟之前大不相同,而且会引发意识层面上的巨大变化。我们会抛弃线性处理及字面解读信息的方式,选择更综合、更能调动想象力的思考方式。然而,从另一个角度来看,表情符号也有可能只是昙花一现,毕竟它的创作灵感源于漫画,考虑到流行文化的新技术和趋势,人们只是想让他们发出的信息看上去更有趣而已。因此表情符号只是表面上的点缀与装饰,不具有更深层的影响力。随着科技进步,时下的风潮也会变化,表情符号或许很快就会变成明日黄花。本书后续章节中还会反复提及这些观点,最后两章将着重对此进行讨论。

书写系统的历史

　　书写起源的理论太多了,然而历史上的相关争论与本书没有太多关联。但是,一些在语言学家和考古学家中被广泛认可的说法有助于我们的理解。其中,最著名的一种说法是,从物种起源与发展来看,表形文字要先于其他文字的出现,它的出现与科学家口中的"史前艺术"恰恰相符。如果真的如此,那么文字与艺术可能有同一起源。直到如今,我们似乎依旧本能地以为包括表情符号在内的任何图形文字都具有一些艺术特质。这种"图形文字直觉"似乎是一种人类天性。举个例子，当幼儿张口说出第一句话时，他们也可以拿着画画工具开始乱写乱画。有些学者认为，这应该是自古以来人类进化的遗存，不自觉地指导着人类的语言发展。考古记录表明，人类物种的决定性特质，比如思考能力、计划能力、世代传承技能与知识的能力等，与语言能力相得益彰，后者从外部观察一般表现为声音或非声音形式（如打手势）。

大部分语言学家认为，从进化的角度，发声语言先于文字语言存在，因为文字语言只是记录声音语言的载体。就像美国著名语言学家莱纳德·布龙菲尔德（Leonard Bloomfield）的名句所述："文字不是语言，仅是用可见的符号记录语言的方式。"但是，这种观点很大程度上属于使用字母文字的社会产物。如果考古学和古生物学的记录可靠的话，这个说法完全站不住脚。有大量证据可以证明，语言作为人类精神机能之一，比口语表达更早出现，通过手势、图形表现出来。虽然这些证据不够直接，但仍旧十分有说服力。从生理上说，喉部让人开口说话。在婴儿时期，跟其他灵长类动物一样，人类的喉部位于颈部较高的位置。从生理上看，婴儿呼吸、吞咽、发声的方式与大猩猩和黑猩猩相似。但是，当长到3～6个月大时，喉部开始下移，意味着呼吸道和消化道会与之交叉。这也导致了一些风险，比如，食物可能常常停在喉部入口，人不能同时喝水和呼吸而不被呛到。但作为补偿,声襞上方的咽腔可以改造声音,让开口说话成为可能。

目前,对人类头盖骨的研究证实,大约 10 万年前,喉部下移就已成为人体结构进化的永久特性。这一事实充分说明,在智人出现前,就存在不涉及口语的语言。因此,当时最有可能的交流形式应该是手势和图形文字。在生理条件允许口语表达后,人们有可能还会使用手势,而不是彻底淘汰肢体语言。这也解释了我们在不能说话的时候选择用手势交流、在说话的时候还是不禁会打手势的原因。无论书写与说话是什么关系,我们至少能肯定这两种形式都可用来编写、储存、传递信息。两种形式并不相斥,而且许多时候能彼此补充。

很明显,研究书写系统对人类文化的起源与进化也起到了非常重要的作用。书写系统可以分为以下几大类:表形文字由图形符号构成,图形需要看上去像它们所代表的物体;表意文字运用图形和标志代表实物及想法,通常与表形文字结合使用;表音文字是由代表语音音节的字母组成的,因此类似于字母系统;语素文字由符号组成,虽然它不能直接代表所指对象,但用语素文字组成的字词可有具体所指;字母文字由一套标准字母作为基础,专有名词叫作字位,代表作为口语单位的音位(比如重要的元音或辅音)。虽然以上只是十分简略地提及了书写系统的分类及

The Semiotics
of Emoji

占领世界的
表情包：
一种风靡全
球的新型社
交方式

012

模态,但作为接下来的探讨所需要的背景知识已经足够了。字母文字在所有文字中最"经济实用",因为就像十进制或二进制的数位,确定数量的符号构成了字母文字,从 20 个到 35 个不等,人们可以用它写出一门语言中全部的字词句;然而,表音文字的基本单位可能有百八十个,其他书写系统中甚至有几百个。在字母文字中,图形符号或标点符号在后期才出现,用来美化文本排版、标注语句边界、表现语言韵律,例如语音语调。考虑到字母文字较为抽象复杂的符号特征,学习并掌握字母语言需要时间投入及大量学习就显得很合理了。

字母文本之所以是线性的,是因为字母语言用线性的形式呈现文本,比如从左到右或从右到左、从上到下或从下到上;非字母语言不依赖指向性的排版,因为组成它们的符号代表概念而非声音。这并不是说非字母文字没有体系和结构。比如我们观察到的,字母文字的一大特色是它遵循所用语言的句法规则,单一的想法可在符合规则的排列搭配之后,集合成复杂且相连的长句。相比之下,表形文字不太依赖表音文字的句法规则。它们本身具有极强的表达能力,可以有顺序地展现情节与动作,例如可叙事的表形文字。

研究显示,大多数语言的写作实践及风格都体现了表形与表意书写模态的平衡。比如玛雅人发明了一套以注音为主的文字符号,与表形文字一起使用。

玛雅人用表形文字记载王朝发生的事,因为它们对于大部分人来说更容易辨认。换言之,玛雅的文字体系是混合或多重的,人们可以选用任何适合的文字形式,确保受众能理解内容。古代最有名的混合文字体系是埃及的象形文字。从公元前 2700 年到公元前 2500 年,埃及象形文字以图形为主,具有明确的所指对象(如眼睛、长颈鹿、凉鞋、芦苇、面包、笛子等)。但随着文字的应用愈加广泛,逐渐出现了许多表意文字,暗含抽象的所指对象(比如打、哭、走、摔、绑)。部分口语表达与实际书写形式也有所关联。具体的名词通常用表形文字表示,而动词则用表意文字代替。一些现代文字更准确地呈现出"双重模态"而非混合模态,使用两种主要的文字形式。比如,日语中就有两种完整的音节体系,即平假名和片假名,用于补充解释从汉语中借鉴而来的汉字。所有这些表明,文字不是用来专门服务于口语表达的,而是用于编载信息,具有极强可塑性及文化特色的工具。

　　第一种为人所知的字母体系是辅音音素文字,其中每个符号代表一个具体的辅音。许多闪米特语族文本最初都应用过此类文字。腓尼基辅音音素文字传播到希腊后,元音符号丰富了原有体系,使字母文字变得更加完整。为了更准确地反映历史,需要指出的是,同时期在世界其他地区还出现了一种元音附标文字,它也为辅音配有元音音节符号。还有一类叫特征文字，它的符号代表声音中的音节特征，比如"唇音"或"浊音"。最有名的特征文字是韩国谚文，谚文符号是可以表音的字母单位，相互组合即可拼写字词。

罗马人采用了希腊文字并根据他们的具体需求更新了语言风格之后，字母文字就成为西方书写实践的规范。字母文字有可能最早出现在古代集市，因为它使记录交易信息变得快速高效。这种过渡随时间演变而成，而不是革命性的突破。每个字母字符都源自旧时的某种图形符号，是图形在不断迭代后的符号遗产。比如字母 A 最早可追溯到埃及表示公牛头的象形文字。在最开始，人们只是草草描摹公牛的轮廓，最后用它来代表"公牛"（aleph）这一词语。大约在公元前 1000 年，从右向左书写的腓尼基人斜着勾画出公牛的样子。之后，这个歪着的腓尼基图形用于代表这个词的第一个音节（即用"a"代替"aleph"），因为每个人都熟悉它的发音。从左向右写字的希腊人把这个腓尼基图形转了个方向；而到了公元前 500 年，在罗马文字中，A 终于有了它如今笔直的样子。

当希腊人开始用模仿腓尼基词语的"alpha""beta""gamma"等命名每个符号时，"字母表"的概念终于在人类认知中成型了。因为表音文字的书写形式是线性的，具体的书写方向就成了与具体社会相关的写作实践。早期的字母体系主要有两种写作方向，横向（从左到右或从右到左）或纵向（从上到下）。人们习惯

The Semiotics of Emoji

占领世界的
表情包：
一种风靡全
球的新型社
交方式

014

"耕地式"的书写方法——第一行以一个方向写字，写到第一行末尾时，第二行则以反方向继续写。之后，在希腊文字以及其后诸多西方字母文字体系中，从左到右书写成了惯例。但阿拉伯语和希伯来语却沿用了从右到左的书写方向。吸纳了汉字字符的语言一般选择纵向书写（从上到下）或从右至左的横向书写；但如今，因为受到西方的影响，用拉丁字母调整字词的需求越来越多，再加上电子文档格式难免有技术限制，这类语言分别使用了不同的写作方向。

字母文字也逐渐吸收了许多其他符号。标点符号除了能切分语句，还能体现口语的特性（比如语调、停顿等）。数字及其他非字母符号也能在扩充后的字母体系中发挥作用。这些符号包括百分比符号（％）、货币符号（＄）和其他各种常见符号，例如表示"和"的"＆"及表示"在"的"＠"。

作为社会实践的书写行为

毫无疑问，除了上述整理外，还存在其他可以描述书写的分类或理论框架。此外，"书写"一词不仅能代表不同文字及它们各自的特征，还能与文字内容及交流相关的社会实践及价值相联系。自文明起始，人们便认为文字有巨大的社会价值，随着时间推移及文化变迁，使用文字记录重要想法，就像圣书、科学及哲学专著记载的那样。文字始终被认为是传达权威或重大信息的符号媒介。当然，污言秽语作为权威及神圣言辞对立面也始终同时存在，在古代的墙壁、柱子及各种工艺品上的涂鸦中都能找得到。其实，表情符号文字也被许多社会专家归为不正规的表达方式，但事实证明，这种观念是错误的。表情符号文字丝毫不失礼或粗俗；相反，它的目的是为信息增添"生动的视觉色彩"。研究对象告诉我们，表情符号文字不能且不适合用在正式文本中，比如学校论文、官方信函或大部分邮件；另外，它也不该在哪怕非正式文本中表达低俗的意图，虽然一些研究对象承认他们偶尔在发表情的时候不够礼貌。因此，表情符号文字既不神圣也不粗鄙，它其实是一种注释符号，常用在非正式交流中，给信息的概念性内容增加一些视觉注解。

在互联网时代，移动设备的普及鼓励人们多书写、少说话，具体原因接下来会展开讨论。这意味着书写承担了许多面对面交流的功能。数字时代的书写行为体现出两种时间特质：同步性及非同步性。如接受者不知晓有人向他发送信息，那么这时的线上交流就是非同步的。电子邮件、电子公告板、博客或聊天室都有此特点，接受者通常会相对延时地查看并回复信息。相反，如接受者知道对话正在发生，这时的交流就是同步的，实时进行无拖延。面对面对话是同步的，影响彼此的语言互动。但这一点在线上同步交流中正在改变，以书中收集到的表情符号数据为证。线下的非同步交流主要发生在书面印刷媒体上，比如信函、书籍等。不同的书写类型体现出不同的错时或延时阅读习惯。此外，线上交流有时涉及多位对话参与者，比如群发邮件；有时只针对某一人进行。

同步的线上交流要求快速书写，只有这样做，来来回回的妙语连珠才能实时地持续下去，而不会失去接收者的注意力。新型的读写及交流方式因此出现，以省时为目的的语言形式应运而生，比如各种词语缩写。某些观察家批评这种现象，认为这是现代生活的不良惯性以及滋生懒惰的技术导致的。比如知名美国记者赫尔普林曾提醒众人，类似的交流风格会引起累加效应，影响人们处理信息的具体方式，人们将不再动脑思考。其他人则认为，在非正式交流中，人们只会关注如何快速地写出文字信息。从这一角度来看，人们用省略语和表情符号不是为了产出有智慧、显文采的思考结晶，而只是为了保证同步的文字交流可以快速、高效地进行下去。无论从任何角度，人们都无法推断这种新的书写形式已使大众失去对阅读与思考世界的兴趣。

如引用奥尔森提出的术语，对话中包含不同的"表达含义"，每种表达只有放在具体语境下才能被充分理解；另外还有"文本含义"，需要远离语境、综合把握语言及内容。如今的短信、推文或类似文本主要具有表达含义。而文本含义还是通过传统的写作风格实现。表情符号主要满足的也是表达含义，给文字增加的生动图示，从而提高阅读速度。某种程度上说，表情符号使线上交流比面对面交流更受欢迎。为了证实这个观点，我们问了研究对象为什么他们常发短信跟朋友聊天，而不是面对面谈话。以下三种典型回答代表了研究对象的看法：

（1）发短信跟说话很像，但我觉得短信更好一些，因为我可以在发出之前一直编辑修改。

（2）我可以回过头看看之前我发了什么，然后能更好地理解朋友说的话。

（3）我更喜欢上网发消息，面对面聊天有风险，因为我不能撤回说过的话。发短信就不用担心这些，而且我会一直用表情保证我朋友明白我的意思。

变化中的表情文字

书写系统的进化主要是通过扩增写作形式和风格实现的。如上文提到的，早期书写形式以图形标志为主，也就是说用看上去像某物的图画代表此物，例如画一个太阳代表实际的太阳。但是，为了扩大符号的影响范围，这些书写系统也包含或发明了指示性元素,比如指向或表明具体内容的视觉形式、用于某些仪式或其他社会需求的符号标识。查尔斯·桑德斯·皮尔士率先在其著作中详细描述了以上三种符号及符号系统构造中的基本形式,他的理论之后也收获了广泛认可。值得注意的是,在皮尔士将"图标"(icon)一词用于符号学之前,这个词一直用在宗教艺术领域,指的是圣人的肖像。这一释义依然沿用至今。宗教圣像代表圣人的方式不是直接仿照圣人的外貌,而是以一种更泛的方式,绕开那些赋予每个形象以人物性格的细节。风格化的圣像有种阴郁和虔诚的感觉。同样的风格化原则甚至也应用到了最早期的图形符号中。这些图形符号不是原封不动地复制了所指对象,而是简单勾画或描摹出大致轮廓,比如在法国的拉斯科和西班牙的阿尔塔米拉的屋顶和洞穴墙壁上的动物雕刻。这些记录要追溯到三万年以前,可能是早期书写系统的前身。事实上,法国考古学家施曼特·巴塞瑞特的研究显示,第一套图形符号系统很有可能是在新石器时代西亚地区发现的陶符出现之后创造出来的。这些陶符像是用来复制图形的物品,很像模具或排版用的印模,所以从功能上类似于我们今天说的"字符键"。

风格化与讨论并分析表情符号息息相关,因为表情符号基本上也是类似草图的风格化图形标志。但根据需要,表情符号除了基本的图标属性外,还会增加其他特征。比如,图1.2中的云彩表情是云彩形状的图形符号;但日出表情则有表意的功能,一个太阳的形状在背景的衬托下升起。

云彩 日出

图 1.2 云彩和日出的表情

The Semiotics of Emoji

占领世界的
表情包:
一种风靡全
球的新型社
交方式

020

表情符号的其他风格化模态还包括参数、颜色及视角。参数指一条线或一个形状的深与浅。它扮演着很重要的角色,可以展现符号的多重对比。颜色传达出多种模态的意义。在上面的云彩表情中,灰白的颜色代表我们认知中实际云彩的颜色;而在其他表情符号中,颜色可以暗示不同种类的情绪,比如红脸等同于发怒。最后,这里所说的视角指的是一种模拟性的表达方式,用来唤起某种感知特性,比如动作。图1.2中,日出表情经过设计后,就被赋予了一种太阳正在升起的感觉。

虽然表情符号的出现可以帮助全世界的人们更好地理解文字文本,但具有文化特色的风格化表情形式也相继出现,原因也是五花八门的(接下来的章节中会详细讨论)。拿面部表情符号(或笑脸符号)举例,总的来说,笑脸符号的设计者想让它们尽可能地保持文化中立。将黄色定为笑脸的肤色很明显是一种统一风格的策略，以去除与种族或民族相关的可识别面部特征。面部结构暗示人的个性或身份，用圆形有助于减弱面部结构的具体细节。但几乎很快，在它们投入使用之后，人们就会有意或无意地给表情符号加入文化引申义。举个例子，图 1.3 中的书呆子（Nerd face）和侦探（Sleuth or spy）表情需要首先理解书呆子和侦探在具体文化中的含义。这两个符号源自现代城市化文明，所以它们对于类似远离现代王国的部落社会没有丝毫意义。更准确地说，一些表情相比其他表情更加通用。图中稍微不开心（Slighly frowning face）、非常不开心（White frowning face）、翻白眼（Face w/rolling eyes）和微笑（Slightly

第一章
时代造就的
新型文字

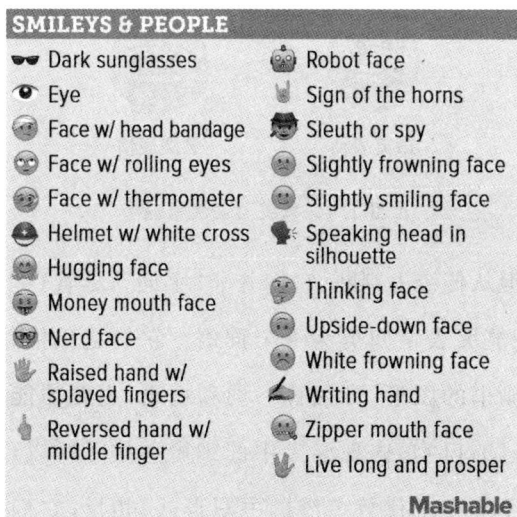

SMILEYS & PEOPLE

- Dark sunglasses
- Eye
- Face w/ head bandage
- Face w/ rolling eyes
- Face w/ thermometer
- Helmet w/ white cross
- Hugging face
- Money mouth face
- Nerd face
- Raised hand w/ splayed fingers
- Reversed hand w/ middle finger
- Robot face
- Sign of the horns
- Sleuth or spy
- Slightly frowning face
- Slightly smiling face
- Speaking head in silhouette
- Thinking face
- Upside-down face
- White frowning face
- Writing hand
- Zipper mouth face
- Live long and prosper

Mashable

图 1.3　面部表情符号

smiling face)表情的通用程度普遍较高；机器人表情的使用程度就一般；而像"生生不息，繁荣昌盛"（Live long and prosper）的手势表情很可能不容易被大众理解。这个手势表情暗含着一个流行文化的所指对象——20世纪60年代美国电视剧《星际迷航》中，瓦肯人用这个手势问好示意。虽然这个符号在世界许多地方都比较常见，但对于它的解析受到了诸多因素的限制，比如使用者的年龄以及他们的地域与历史背景。

全世界对于微笑表情和"眼泪都笑出来了"的笑哭表情应该有一样的理解，毕竟《牛津词典》把笑哭表情选为"年度热词"，并且无论使用什么语言，键盘上都能找到笑脸表情。

The Semiotics of Emoji

占领世界的
表情包：
一种风靡全
球的新型社
交方式

022

微笑表情　　　　　　笑哭表情

图 1.4　微笑与笑哭表情

但从传统上判断，它们并非"字词"，尽管《牛津词典》把笑哭表情归类为一个词语。它们是风格化、类似漫画书的图形，可代替字词和短语，主要功能是保证信息的口吻、体现语义中的细微差别。所以，表情符号不能完全代替传统的书写形式；相反，它们可以增添友好或幽默的语气，加强、扩大、解释文字交流中的含义。事实上,当研究对象被问到"为什么在短信中用表情符号"时,他们一致回答:"因为好玩"。如果再次引用上文中提到的奥尔森(1977)的术语,表情符号为文字文本增加了表达含义。因此,它们的功能既不只是替代性的,又不只是装饰性的(接下来的章节中还会继续讨论),虽然表情符号可以发挥某种交谈功能,就像下一章提到的,表情符号可以用来问好和寒暄。表情符号能增强含义,与字母文字并用,可以将现代非正式的书写打造成一种独一无二的双重模态书写系统。

研究是如何展开的

为了建立一个以数据为基础的研究框架,从而剖析表情符号在现代人类生活中的潜在影响,而不是单单依靠主观猜测与判断,如前言所说,本书采用了定性的研究方法,具体包括一定数量且有代表性的样本信息、半结构性访谈以及日常数字化交流中频繁使用表情符号的学生参与者的大量协助。

简单概括一下的话,研究数据采集自多伦多大学,由18~22岁大学生发出的323条真实短信构成。这些大学生共计100名,男女各50名。由另外4名学生组成的研究小组负责收集这些短信,并在网上搜寻了其他种类的相关信息和材料,用来支持或反驳本研究所收集的数据。研究小组还在研究对象中组织了半结构性访谈。访谈中问到的问题在本书接下来章节里也会陆续提到。

当然，在本书中，验证普遍性结论的定量数据仍需进一步核实它们是否具有更广泛的代表性，具体说来，调整常见的社会变量（比如年龄、阶层、教育、性别等）、扩大样本量，可以更好地检验表情符号的使用。书中的研究项目只是一个起点。某种程度上说，我们所做的只是一个案例分析，在目标明确、愿意参与的研究对象中了解表情符号的用途，从而初步了解当今的表情包现象。研究结果肯定还需要进一步完善，但所选样本绝对符合标准，与标准的研究样本无异。

本书引用符号学理论作为分析数据的一般性、非学术性工具。符号学学科研究并记录符号、符号行为、符号创作及符号功能，是分析一套具体符号（例如表情符号）的理想手段。符号是指在具体环境下，能够代替除它以外的任何事物的实体形式。符号学的现代创立者、瑞士哲学家费尔迪南·德·索绪尔（Ferdinand de Saussure）认为，符号学是研究"符号在社会生活中的具体角色"以及"符号的普遍规律"的科学。书中，符号一词常用英文的"symbol"或"sign"表达。假设两者有所区别，会有具体解释辅助理解。书中的学术概念已尽最大可能地清楚定义并展示出来。

The Semiotics of Emoji

占领世界的
表情包：
一种风靡全
球的新型社
交方式

024

Emoji
Uses

第二章
万能的表情符号

人们变得越来越害羞，某种程度上是因为太多人花大量时间独处，
困在电子邮件和线上聊天室里，缺乏与其他人的面对面接触。

——菲利普·津巴多（1933— ）

    "笑哭"表情入选 2015 年《牛津词典》年度词汇并
不是唯一能体现表情符号重要意义的事件。另一件
更让人惊讶的事与同年某加州男子被指控在线进行
黑市交易的案件相关。此案在纽约进行开庭审理时,
辩护律师提出异议,称案件检察官忽略了一项重要证
据,即一个微笑表情符号。辩护律师是在检察官朗读
完被告撰写的一篇帖子后表示反对的,因为检察官没
有将帖子中的微笑表情一起念出来。辩护律师以此
为论据,认为被告使用微笑的表情证明他只是在开玩
笑,而不是严肃认真地说明观点,所以被告没有犯罪
动机。法官继而提醒陪审团,确实应当考虑证据中的

表情符号。换句话说，法庭允许将表情符号用作证明某人意图的证据；它与口述证词及供认一样，能揭示一个人的心理状态。

显然，表情符号已成为自我表达的方式之一，因此也能被当作证据应用在法庭上。同样在 2015 年，在一场双尸案的审理中，匹茨堡警方也提供了一条带有三个表情符号的短信作为证据。检察官认为，表情符号可以间接证明短信发送方，偷盗时被枪击中的凶手——需要对这起致命的交火负责。发短信的凶手住院五天之后才恢复意识。检察官称，凶手在开枪前发出的短信说明，他有意参与最终导致凶杀的这起抢劫犯罪，因为他使用了"跑步男""爆炸""枪"这三个表情。

以上这两起案件首先表明，我们已经开始认真看待表情符号的使用，它们在文字消息中的意义也不再仅限于"装饰效果"。现在，我们能感知到表情符号具备各种情感属性及交谈功能，包括表达意图、心态及心理活动。因此，它们也是体现我们所思所想、所作所为的信号。当研究团队把这些表情证据给研究对象看时，虽然很多人已经知道案件的审理结果，但某位参与者的反应还是能概括其他所有人的看法："表情符号能让我们看懂一个人。"

本章节主要介绍表情符号的几个基本的交谈功能（discourse function）。更详细的分析会在接下来的

The Semiotics
of Emoji

占领世界的
表情包：
一种风靡全
球的新型社
交方式

028

章节中陆续展开。本章的目的是说明一般的表情符号使用也可以传递言语意义（utterance meaning）；在某些场景下，表情符号已具备文字搭配的功能，比如用于问好或表达情绪的表情符号就传递了具体的语义。此外，本章还讨论了表情符号使用中的模糊意义以及几种尝试消除模糊义的方法。考虑到人造语言的目的之一即减少或尽量消除文字互动中的模糊使用，表情符号中出现模棱两可的使用就给它的普及带来了深刻的影响。

社交恐惧症们的救星

交谈（discourse）是以社会交际及表达心理情绪为目的的语言应用。通常来说，交谈传递出的信息量远

远大于组成交谈的结构单位总和。它可掩饰信仰体系、意识形态或世界观；更重要的是，它能提供关键线索，让我们了解人们是如何从互动中提取信息的。通过研究交谈的功能以及具体消息中的表情应用，我们可以分析出表情符号给日常数字化交流增添了什么效果，并了解这背后的引申意义。

通过对研究对象提供的 323 条消息的粗略分析，我们可以明显看出，在文字消息里有技巧地使用表情符号，可以生动且有效地展现重要的语言功能，本书中的内容都能印证这一点。其中，格外突出并且从一

开始就值得关注的一点是如何定义交谈的交际功能。换句话说,使用表情符号首先能构成形象生动的可视化"闲聊",而闲聊一般是建立社会关系、保持开放愉悦沟通的通用方法。人类学家布罗尼斯拉夫·马林诺夫斯基最早研究日常交谈的这一特点,他发明了名词"寒暄用语"(phatic communion),把这种交谈方式归为一种社交技巧。寒暄或闲谈是社交礼仪的关键,也是一种在交流互动中展现社会学家厄文·高夫曼(Erving Goffman)提出的"积极社交面"(positive social face)的方法。所以,在消息开头使用笑脸表情能使对话建立在微笑的基础上,给交流注入积极的气氛,进而保证交谈双方的关系可以持续下去。也就是说,表情可以用来表示友好,从而使整个沟通顺利进行。

对样本消息的详细分析显示,表情符号主要具有以下三种寒暄功能:

(1)用于开场:微笑或类似的表情常用在对话开头用作打招呼、问好,使发送方按其原意呈现积极的表情,给信息增添快乐愉悦的语气或情绪。此类表情符号的设计目的即为加强或维持交谈双方的友好纽带,即使偶尔(或更多情况下)信息中可能包含消极的内容。

(2)用于结尾:类似短信或推文的简短消息一般会比较突兀地结束,所以有时看起来像发送方在拒绝或驳斥接收方。这种情况下,微笑的表情会用作"再见"放在消息的末尾,这样发送方就能降低让接收方误以为拒绝的风险,肯定对话双方的友好关系。

(3)避免沉默:面对面对话时,许多人会认为片刻沉默令人不适或尴尬。所以,一个典型的交谈技巧就是用无意义的语言表达填充这些"沉默的间隙",比如"是不是变天了?""时间过得真快啊"等等。在文字消息中,当接收方期待收到更多信息但发送方想要停止对话时,就会出现类似间歇性的沉默。所以,在缺乏交谈内容的时候,使用表情符号可以消除潜在的尴尬气氛。

表情符号的基本寒暄功能表明,它的主要用途是保持友好愉快的互动。表情主要用在朋友、同事、家人等同伴间的非正式文字信息交流中。它不能在正式文本中使用,比如论文、专著、科学文献等。如果表情符号出现在这类文本中,人们可能会觉得讽刺甚至反感。

对于不同社会群体及年龄层来说,表情符号的使用也有差别。比如,我让研究对象评价我在跟他们交流时的表情使用水平,我得到的反馈可以概括为两类,在此直接引用参与者原话描述:第一,"有些奇怪";第二,"看起来你挺想示好的,但还是奇怪"。然后我问他们为什么会觉得奇怪,答案是"因为你年龄有些大"。之后,我问参与者一般跟谁使用表情符号,他们的答案总结在了表 2-1 中。

The Semiotics
of Emoji

占领世界的
表情包：
一种风靡全
球的新型社
交方式

032

表 2-1　使用表情符号的对象

交流类型	人数
与朋友交流	100 人
与家人交流	89 人
其他	12 人

在"其他"类别下，表情符号的使用场景主要是交友网站。一些年龄较大的研究对象提到了这种交流场景（12 人中有 6 人将这种使用归为"其他"）。所以，如果交谈中的一方想跟另一方约会、提出"想见面吗"的问题，三名研究对象称图 2.1 中的三个表情符号很可能被用在问题结尾发出去。

图 2.1　表示浪漫的表情符号

显然，每个表情都表达了不尽相同的浪漫气息或意图。左边的"红心眼"体现了一种简单又浪漫的爱意，常让人联想到"迷恋的神情"；中间的表情把舌头从嘴里伸出来，表达了一丝淫荡的意味，暗示着对色欲的渴望；右面的"抛媚眼搭讪脸"通过歪斜的神态，呈现出一种玩世不恭、四处调情的笑意。这三个表情也指向接下来将详细讨论的一个主题，即表情符号巧妙地为文字消息增添了许多语义上的细微差别。总之,三个表情都用令人愉快的口吻点缀着浪漫的文本消息,因此不会显得粗鄙下流。就算中间的表情有些色眯眯,但看上去也算搞笑且无害。所以,这些表情符号都有相同的寒暄功能,那就是运用令人欢快愉悦又回避了潜在争议的内容,丰富了人们的对话。

　　表情符号的寒暄功能被发挥得非常一致,因为基本所有被分析过的文字消息都以笑脸开始,并以类似方式结束。它们似乎已经取代了传统的问候符号。事实上,我们没有发现任何一条只以类似"嗨"这样的问候语开始的消息,就算用文字问候语开头,这后面也一定跟着一个表情符号。

文字已经无法表达我的情绪了

　　上文中,表示浪漫的表情符号详细证明了"情感控制"应当是至少一部分表情符号的首要语言功能。同时,它们也说明了表达一个人的心理状态(包括观点、判断、态度、观念、情绪等)是语言交流的基本需求之一。如果再次援引雅克布森的另一概念的话,除了寒暄功能外,表情符号的使用还包含有意识或无意识的表达情绪的功能。表情功能指的是用具体的语言结构描绘一个人的心理活动。在面对面交谈时,人们变换语音、语调和语气,遣词造句,直接或间接地表达感受。在非正式的数字化交流中，这些策略被表情符号取而代之。图2.2中这条由研究对象提供的短信就是一个典型例子。

The Semiotics
of Emoji

占领世界的
表情包：
一种风靡全
球的新型社
交方式

034

图 2.2 用表情符号表达情绪的案例

用在"我开始喝酒了！！！！"后面的四种不同酒水的表情并不代表它们的原义；相反，这种使用表现了发送方对于喝酒的心情和态度。连续4个感叹号以及4个表情符号就构成了一种表达情绪的语言行为，说明了发送方很有可能害怕或厌恶喝酒。并排使用咖啡和纠结的表情代表了一个释义完整的短语，意思是发送方想喝的是咖啡，但手上拿着的却不是咖啡,所以感到失望(短信中的"唉"等于"我本应该喝咖啡的")。

在综合分析研究对象提供的 323 条消息并把表情符号按照功能分类之后,我们发现表情符号的主要应用是抒发个人情感,从而使交流持续。以下是对消息中的表情符号按功能分类后的数据结果:

(1)用于交际的表情:88%;

(2)用于表达情感的表情:94%;

(3)用于其他目的的表情:64%。

表情符号的表情功能可以再细分成以下两类:

(1)代替面对面交流时的面部表情或者文字交流时相应的标点符号;

(2)生动形象地强调观点:尽管表达情绪的表情符号能装饰或注释主要的文字消息并且可以被任意移除,但研究已充分表明,表情符号可以传递更多的情感。除了表情以外,很难再有其他方法既能抒情达意,又能保持友好的交谈语气。上述短信中,喝酒的表情符号虽有批评的意思,但以图形呈现出来的批评让我们绕开文字可能引发的更加消极的情绪。如之前提到的,表情符号让交谈者更好地管理语言的情感功能。我们问发短信的研究对象为什么选择用表情而不用文字时,她的回答相当精辟:"表情让我不带愤怒、不烦朋友、自在地吐槽!"另外,2015 年键盘类应用程序 SwiftKey 的相关研究也能证实我们的研究结果。SwiftKey 发现,事实上 70％的表情使用用于表达积极情绪(中立情绪及负面情绪各占 15％)。

因为情绪表达功能十分重要,所以表 2-2 列出并解释了文字消息中最普遍或经常出现的表情符号,本书中的后续讨论也会再次提到以下的表情框架。这些表情也常在网站或移动设备的键盘或应用程序中出现。

表 2-2　常见表情符号及其含义

表情符号	含义
	开心/微笑脸:这些表情通常一起使用,表示非常开心。
	流冷汗的咧嘴笑脸:这个表情同样也表示开心,但有一丝解脱的感觉。这个表情通常会用来描述坏事变好事的语境。
	笑哭脸:本书已多次提到这个被《牛津词典》选为 2015 年年度词汇的笑哭表情。它一般用来表示大笑,基本可以代替字母缩写"lol"(开怀大笑),回应笑话或搞笑场景。
	歪嘴笑脸:这个表情多出现在表示浪漫或性爱的消息中,用于调情。
	眨眼脸:这个表情指一个词语、句子或整条消息都不能被当真;它有种幽默或调戏的意思。

表情符号	含义
	戴墨镜的微笑脸:这个表情的意思是"酷",体现出一种沉着冷静、从容不迫的状态。
	脸红脸:这个表情代表尴尬或窘迫,同时也可以表达谦虚,回应表扬与赞美。
	恶魔脸:虽然这两个表情常被轮流使用,微笑的恶魔脸带有一点调皮捣蛋的意思,但皱眉的恶魔脸有种做坏事或恶作剧的含义。这两个表情使用紫色而不是单调乏味的黄色,以此强调表情中可恶、恶魔的意味。
	红心眼笑脸:这个表情通常代表喜欢、示爱或感激之情。
	冷汗脸:这个表情表示压力大;在被分析研究的消息中,冷汗脸多用在论文迟迟未交或马上要考试的语境下。
	麻木脸:这个表情表示无所谓或没有被惊艳到的感觉。
	麻木脸:这个表情表示怀疑、失望或低落丧气,常用于回应聊天时对方发来的借口或托词。
	哭脸:这个表情表示看到某些消息后"受伤"的心情。

第二章
万能的
表情符号

037

表情符号	含义
	大哭脸:这个表情表达了比上一个哭脸更严重的受伤情绪,常有讽刺或嘲讽之意。
	担心脸:这个表情的意思不仅包含担心和忧虑,还有震惊和害怕。
	生气撅嘴脸:这些表情可以一起使用来表达愤怒的情绪,其中暴怒的红脸最强烈。
	皱眉痛苦脸:这些表情常被交替使用,表达吃惊或失望。

The Semiotics
of Emoji

占领世界的
表情包:
一种风靡全
球的新型社
交方式

038

　　表情符号具有的表情功能在文字消息的不同语境中系统地发挥出来,与语音消息中的韵律标记(prosodic marker)有异曲同工之处。然而问题是表情符号的应用范围是否能超越非正式的交流环境,延伸到语言的各领域? 大部分研究对象(92名参与者)认为,表情符号的使用范围并不会扩大,因为就像一名研究对象所说:"写论文是非常严肃的事情,不可能用表情符号。"事实上,这个观点能找到足够的证据支持,因为目前无论是教育类博客的文章还是学术或科研网站的论文,都没有使用表情符号的记录。

　　所以,认为表情符号只能用在非正式语域的观点是比较稳妥的(至少目前如此)。表情符号的语言功能还会在第六章展开介绍。

　　很有趣的是,表情符号不只用在字母文字文本中。研究对象样本里的双语学生会在不同文字文本中使用表情,比如中文或韩文。在本书中,出于便捷性的考量,我们的分析及讨论仅围绕英语的字母文字展开。研究团队通过在社交网站上进行搜索,还发现表情符号在其他不同字母文字及语言中也有应用。更有意思的是,使用者会根据具体语言和文化背景,创造不同的表情使用形式。这个事实明显体现了表情符号在全世界的发展和普及。因此,尽管表情符号最初被发明出来的目的是不限语言地辅助沟通与交流,但不同的自然语言显然塑造了表情的不同用法。有些形式是共通的,但有些用途只能在特定的语言中才有。所以,更准确地说,标准化的表情包已经形成,同时地区差异使表情在具体文化及语言的背景下呈现出不同的运用形式。接下来,我们将对此展开讨论。

全世界都能使用——表情符号的标准化

　　2010 年,依据定义世界语言通用字符集的统一码标准 6.0 版本(the Unicode Standard version 6.0)及相关的 ISO/IEC 10646 标准,上百个表情符号通过了标准化处理,表情符号的广泛普及因此成为现实。谷歌和苹果首先提出表情字符标准化的需求,这样表情就能与所有或至少大部分语言一起使用了。统一码的目的及意义在其官网上有十分清晰的描述：

> 统一码联盟（The Unicode Consortium）是一个致力于开发、维护、发展国际通行软件标准及数据的非营利组织。统一码联盟以 Unicode 编码标准（Unicode Standard）为主要方向，为所有现代软件产品及标准提供通用的字符编码。统一码联盟积极参与开发软件国际化领域的通行标准，包括定义 Unicode 字符在具体环境下的形式和字符之间的关系。同时，统一码联盟与万维网联盟（W3C）及国际标准化组织（ISO）保持紧密合作，尤其是与负责管理 ISO/IEC 10646 的国际标准化组织下设部门 ISO/IEC/JTC1/SC2/WG2 关系密切，确保 Unicode 编码标准与国际标准 ISO/IEC 10646 保持同步。

在我们分析的 323 条消息中，基本的表情包的确整齐划一，或者说"经过了统一编排"。除了一些细微差别以外，不同键盘或应用程序中的表情形式非常相似，因此，就像我们在上文中看到的，人们也可以随意自在地使用表情。每天都有新的表情符号产生，它们会率先发布在线上字典或表情库中供人们选用；有些表情甚至允许人们修改，满足人们的个性化或专业的使用需求。

标准化的表情包成功地让表情字符走出日本。但表情的流行与普及也制造了一些压力——因为不同国家和语言各有需求，所以需要把符合具体文化背景的表情设计增加到 Unicode 编码标准中。这种情况明显影响了作为通用视觉语言的表情字符。一旦不同文化开始各自理解并诠释标准的表情包形式，表情符号所具有的通用性就会不断降低。回顾我们在上一章的讨论，准确地说，对于不同的表情符号，通用性有高有低。上文中讲到的面部表情符号通用性相对较高，但其他表情的通用性较低。其实，有些表情符号是从电脑上存在已久的 Webdings 及 Wingdings 字体借鉴过来的。在统一字符编码出现前，全世界的人们应该已经在当时的聊天工具中使用这些表情了。

表情包一直在不断扩大，从而包含各种各样的变型。最近，8.0 版本的 Unicode 编码标准添加了一些例如板球拍等体育用品、塔可饼等食物、星座符号、新面部表情、宗教场所的符号——这些新表情都从整体上拉低了整套表情字符的通用性。然而，当我们把表情符号各种各样的呈现形式与它们各自代表的语言意义放在一起比较时，表情的形式似乎被减弱了。我们让研究对象评价 Unicode 8.0 版本中新增的表情符号，特别是用户可以根据需要给表情改变肤色的功能以及整体的面部表情，以下三种回答十分有代表性：

（1）没什么不同。我其实不知道板球是某些国家重要的运动项目。我估计也不会用那个表情，因为不需要。当然了，如果有天需要用，我还是会用的。

（2）能改肤色的功能很赞。我是黑人，所以我很感谢有这个功能。但我主要还是会用黄色皮肤的笑脸，看起来更常用一些。我只有在特别想表达"我是黑人我自豪"的时候或者特别有必要的时候，才会改表情肤色。

（3）这么做简直白费功夫！表情符号不是应该简简单单的吗？为什么把表情搞得这么复杂呢？尽管我是印度裔，但我就是这么想的。

因此，尽管不断扩大的表情符号具有内在的文化多样性，但用户似乎对这背后的政治因素毫无兴趣，因为他们真的只是想尽最大可能清晰、有效、感性地与他人交流。正如一位参与人员所说："表情符号在你不用刻意去想它是什么意思的时候最能发挥它的作用。"换句话说，这些新出现的、带有文化特色的表情符号可以用在情境特别明确的消息中，但它们不会打击整套表情字符的通用性。这些新表情组成了表情字符的可选子分类，而不单是表情字符的扩充。另外一个小问题是，尽管在 Unicode 字符编码标准的范畴内，但表情符号在不同平台上的呈现还是有细微差别的，因为设计者想通过花样的表情形式表现有创造力和艺术性的想法。其中的一个例子就是广告行业

The Semiotics
of Emoji

占领世界的
表情包：
一种风靡全
球的新型社
交方式

042

会出于具体目的，选用并调整表情符号的设计。

　　所以总结一下：目前不仅存在一套标准的表情包，而且还有它的各种变形，人们可以根据不同的交谈语境及社会用途（例如广告）各取所需。现在有几家网站提供标准或近似标准的表情库。研究团队的一名成员在某网站上找到了图 2.3 中表情包；很明显，这个表情网站应该很受欢迎。有些讽刺的是，这也说明了事实上任何字符系统都无法彻底避免包含有关特定文化的甚至有些过时的信息。比如，外星人、过时老旧的电脑磁盘、泰迪熊、橡皮鸭等表情就具有特定的历史及文化意义。随着表情符号在全世界不断普及，这种类型的变化也在所难免。

图 2.3　网上的表情词汇

　　形形色色的表情词汇是在市场和政治压力的推动下出现的，因为越来越多的人和品牌用表情符号打入新市场或争取受众和利益群体。成长在移动设备、互联网和社交媒体无处不在的新时代的人们是表情符号的主要用户,年龄不是最主要的影响因素,需求和时髦才是表情得以迅速扩散的重要原因。

无法避免的歧义

除了不同文化下的不同引申义之外,削弱表情符号通用性的另一大主要因素就是随时可能出现的歧义。即使对于用同一种语言的人来说,有歧义的信息还是会破坏交流;而对于跨文化沟通的人来说,类似的风险伤害性更大。

来自不同语言及文化背景的人们用同一种语言(比如英语)进行口语或书面的文字交流时,沟通问题时常出现、气氛难免尴尬,因为对话参与者在运用这门语言的字词句时,要么传达的是在他们各自文化背景下的特别含义,要么发出不恰当、无实义的信息。不够了解所用语言包含的全部意思就会导致这样的问题。举个简单的例子,英语单词"affair"就有如下 4 种释义:

(1)已完成或待完成的事项(例如"把你的东西整理好");

(2)职业或公共事务(例如"国务");

(3)社交场合或活动(例如"他们的婚礼是个大场面");

(4)恋爱或性关系(例如"他们有性关系")。

现在假设有两个人 A 和 B,他们开始聊天。A

The Semiotics of Emoji

占领世界的
表情包:
一种风靡全
球的新型社
交方式

044

的母语是一种非印欧语系的语言,在学校学过英语;B的母语是英语,不会其他外语。A只学过"affair"的第1种释义,假设A聊天时说:"I am involved in an affair",听到这句话,B有可能把句中的"affair"理解成第4种释义而不是第一种,因为原句的结构对于以英语为母语的人来说暗示着第4种释义。所以B就会猜测A在谈恋爱,并且因为这个奇怪的原因无法帮助他。A的原因在B看来非常难以理解,因为在正常英语对话中,谈恋爱一般无法用作不参与另一件事的借口。尽管如此,因为A的表达方式,B还是会接受A的真诚解释。毫无疑问,A说完这句话之后,接下来的对话很有可能受到这句被误解的话的影响。

语言学家巴·希勒尔用一个有歧义的例子带出日常交谈中歧义句的实际风险。这个例子之后被称为"巴·希勒尔悖论"。该悖论指出,人类会使用语言外的信息来理解文本,换句话说,语境对于我们理解文字符号、领悟具体含义至关重要。巴·希勒尔举的例子如下:

    1."笔在箱子里"(即:书写工具放在容器里);

    2."箱子在围栏里"(即:容器放在另一个容器——围栏里)。①

---

    ①   英文单词pen有多个释义,第一句中表示"笔",第二句中表示"围栏",这说明一词多义可能会造成歧义。——译者注

以英语为母语的人可以区分这两句话，因为他们能获取外部信息、了解"pen"的实质，而实质刚好嵌入在"pen"一词的意思里。这种特征叫作一词多义，当在对话中出现时，它引发的歧义只能用客观知识化解。

关于文化编码

The Semiotics of Emoji

占领世界的
表情包：
一种风靡全
球的新型社
交方式

046

关于一词多义的研究表明，歧义不能被完全消解，即使对于用母语交谈的人们也是如此。通用表情符号的目的始终是帮助人们避免歧义，因为歧义有可能破坏人际关系。但目前存在的一些表情符号引起的歧义现象，主要出现在不同媒体上。比如，用普通的黄色作为面部表情符号的颜色是在试图消除对话中任何与民族或种族相关的含沙射影。不同民族或种族的人们应只为了交流目的使用这些表情，不应该因为表情配色而背上政治或社会负担。我们的研究对象中有高加索人、印裔加拿大人、印度人、巴基斯坦人、斯拉夫人、中国人、韩国人等，他们所有人都很理解这样设计表情符号的目的。其中，一位巴基斯坦的研究参与者说："发表情的时候，不用想那些刻板印象真的很好。"

但是，文化编码总会出现。也就是说，不同文化会对同一形状的表情有不同解读。比如，涂指甲油的表情可能暗示着非自愿的性行为，一些来自非英语国

家、想要避免这层潜台词的使用者就觉得这个表情很
有冒犯性(见图 2.4)。

图 2.4　涂指甲油的表情

竖大拇指的表情也很有争议(见图 2.5)。

图 2.5　竖大拇指的表情

　　在中东、西非、俄罗斯和南美的部分地区,这个看
上去很通用的手势却十分具有攻击性。在这些地方,
这个表情跟西方文明中的竖中指一样。类似这种在
不同文化下有截然不同解读的表情还有很多,我们在
这里暂不赘述。重点是除了歧义外,使用表情符号的
交谈中不可避免地会出现文化编码。这是人类指号
过程的一部分,即人们生产、理解、使用符号的过程;
而这一过程在全世界不尽相同。通常相同的符号形

式（比如竖大拇指的表情）在不同地方出现，但依据具体情境，它们的意思大相径庭。如引用索绪尔发明的术语，同样的能指（例如竖大拇指表情这样的实体形式）在不同的言语群体中有不同的所指（即概念义）。

事实上，统一码手册说明了类似上述表情的文化附加意义，从而引导用户正确使用。比如，有些用户会用"座位"的表情代表订票，而不是可以坐上去的装置。当我们问研究对象怎么看涂指甲油的表情时，得到的以下三种答复说明这仍是一个没有定论的问题，因为在一些女性形象截然不同的国家里，可以避免表情中有争议的引申义：

（1）谁会在意指甲油呢？我从来没用过。我不用这个表情也没给我带来什么变化。

（2）我只用过这个表情一次，告诉我朋友我买了一些指甲油。就是这样。我觉得这个表情没别的意思了！

（3）我觉得你可能对它有各种理解，但只有用在有语境的词语或句子后面，它的意思才能明确。

The Semiotics of Emoji

占领世界的
表情包：
一种风靡全
球的新型社
交方式

048

Emoji Competence

第三章
是语言还是图案?

简洁是智慧的灵魂。
——威廉·莎士比亚 (1564—1616)

从 2010 年开始，表情符号成了全世界数字化交
流的主旋律。2015 年，英国一家应用程序开发商
SwiftKey 收集并整理了安卓及苹果设备中覆盖 16 种
语言、超过 10 亿比特的数据。在这些数据中，45％的
信息包含表示开心的表情符号，紧随其后的是难过
脸、红心、手势及浪漫的表情。这个结果用实际数据
证明了上一章的分析：表情符号的基本用途是在短
信中表达情绪，或者给部分内容增加言外之意。同
年，统计学博客"538"公布的数据更有说服力，他们
发现有大约 3.5 亿条推文使用了心形表情，开心表
情排第二(2.8 亿条左右)，不开心表情排第三(1.4 亿

条左右）。

表情符号极其受欢迎且应用广泛，表情形象也因此传播到了社交互动与社交符号的各个领域。大型公司使用并改造表情符号，从而增强它们的品牌形象。比如，连锁餐厅"国际煎饼之家"（the International House of Pancakes，IHOP）最近就把商标换成了表情符号风的设计。如图 3.1 所示，商标的形状很像一个笑脸。

图 3.1 "国际煎饼之家"的商标

表情符号从流行文化中产生（确切地说是漫画书），并已成为一种时髦的新语言。例如，加拿大流行歌手卡莉·蕾·吉普森（Carly Rae Jepsen）发布的新歌视频 *Run Away with Me* 可以让观众发表情、选择想去的场景；也就是说，观众能决定吉普森在视频里下一步去做什么。类似的例子在文化界比比皆是。表情符号成为文化产业至关重要的组成部分，甚至还能激起种种社会政治方面的反应。

一个典型例子是 2016 年，女性卫生用品品牌 Always 投放了主题为"像女孩一样"的广告，意在鼓励年轻女孩们更加自信。该品牌有策略地放出一系列视频,视频中女孩们讨论了社会固有且常见的性别偏见,比如,表情符号就暴露了这个问题,因为女性总被刻画成穿粉色、爱打扮的形象。其中的一段视频里,一个女孩说:"表情符号里根本没有职业女性,除非你把当新娘也当作一种职业"。另一个批评道:"女孩们喜欢表情符号,但描写女孩的表情实在没多少。"总之,广告里女孩们的呼声说明新表情符号需要包含各行各业的女性形象。当时的美国第一夫人米歇尔·奥巴马看完视频之后也表示支持,提议设计一个"在学习的女孩"的表情。

显然,表情包的发展超过了最初的想象,它不再只是以方便沟通为目的、用常见符号组成的图形文字系统。它有多种多样的用途和功能,而且在社会压力与趋势的影响下,持续释放出形形色色的效果。新表情符号的提案必须由统一码联盟审批并设计。之后,新表情就会被添加到表情库中,等着被应用程序和社交媒体工具采用。从这一点我们可以看出,虽然这套流程有统一且集中的管理,但它仍然欢迎创新及扩增。但是,整个系统无法控制表情符号发展的速度,因为大众一直在制作新表情并把它们发布在不同的网站上,而人们可以自由复制并在各种数字化交流中使用它们。

符码(code)是指符号或符号形式的系统以及具体的使用规则。表情字符的变形不可避免。在详细探讨这种不可避免的性质之前,我们可以先后退一步,认识一下它的一般特点以及在过去几年的发展过程。表情符码的使用已经逐渐形成一个带有规则的体系,与自然语言相似。比如字母符码就有一套具体的使用技巧。如果我们问一个使用罗马字母的人"G 后面是什么字母",他应该能很快回答出"H",因为他熟悉字母表的符号形式以及排列顺序。他应该也知道如何用字母造词、了解字母的基本原则,比如每个字母差不多等同于一个音素。字母表是字符的完美范例,因为它是一套独特的符号体系,这些符号可以相互组合、搭配成词语。

运用任何一种字符(比如字母字符)都需要某一类具体知识,也就是语言学家所说的"语言能力"。与之相似的"表情符号能力"也显得越来越常见,包括如何在消息中使用表情、把表情放在文字消息的什么位置、怎样才能让接受者更快地明白表情含义等。所以,本章节将分析表情符号能力的基本特征,包括其形式与应用的发展是如何增强言语功能的。

表情符号的一般特征

我们应该怎么定义"表情符号的语言能力"呢?如前几章所讲,它指的是在信息中恰当地插入表情图示,从而为信息注入积极的情感基调或与交谈者保持

The Semiotics
of Emoji

占领世界的
表情包:
一种风靡全
球的新型社
交方式

054

友好关系。上文中提到的研究可以证明，考虑到表情的跨语言通用性，这肯定是表情符号能力的首要方面。在短信中把表情放错位置的确会显得不恰当或者没意义，好比一个用搭配不当或毫无关联的词语组成的句子。就像自然语言一样，表情符号的使用规则也是在具体应用中形成的。随着应用范围的继续普及，表情的各种用法会被系统地整理成语法，通过理论细致地阐释出来。目前，表情符号的使用规则仍然没有被清晰地加以规定，因为大多数规则受到自然语言句法及语义的影响，在后续章节中我们还会展开介绍。

事实上，表情能力不仅包括选择及组合表情符号的具体方法，它还涉及语言学家所说的"沟通能力"，或者说借助不同形式实现沟通目标的能力。这其中就蕴含着一些不言而喻的使用技巧。实际上，如今大部分语言学家都认为语言能力与沟通能力密不可分，而非相互排斥。

首先，运用字符的能力指的是会具体选择并组合符号形式及结构，从而以有意义的方式构建信息。表情字符是一种视觉字母字符，它的字符单位能用以下两种方式创造有意义的信息结构：第一，作为文字文本的附属内容；第二，代替部分文字文本。如研究对象提供的短信所示，在附属性文本中，既有文字（字母）形式又有表情符号；表情符号会在信息流的某些具体位置出现。不管读者是否使用表情符号，都应该能读懂这类文本。放在附属性文本末尾的微笑表情可以很容易被理解为积极且友善的致意。然而，替代性文本则需要熟悉上下文以及表情符号的使用规则。图 3.2 中这条短信就是一个典型例子（由 http://www.freemake.com 网站提供）。

Here is my emoji birth story.

图 3.2　出生故事的表情符号版

The Semiotics of Emoji

占领世界的
表情包：
一种风靡全
球的新型社
交方式

056

这类短信直接说明，我们需要很懂表情符号才能理解它的意思甚至只是"把它看完"。对于那些不常用表情的人，这条信息给他们"适应阅读字母文字的眼睛"带来了很大挑战。换句话说，如果不了解表情符号，我们几乎不可能破解其中的奥义，就算这条短信遵循了文字般的叙述逻辑。但我们至少可以尝试猜测这条短信的内容。如果换成一种不常见的文字语言，那么基本可以排除解读文本的可能性。所以，就算在替代性文本中，表情符号比起任何字母语言来说还是具有更强的通用性。任何人想掌握表情能力几乎不需要花太多时间，但却需要付出很多努力才能获得自然语言的使用能力。所以，虽然如上文所述，表情字符的变形层出不穷，但基于它图形文字的本质，表情仍然内含着通用的属性，比起以字母为主的文本更容易被人理解。

我们先从短信中最好破解的表情符号开始。首先，短信的作者讲英文，不仅因为这段话的标题是英文的"用表情讲我出生的故事"，而且还有其他两个原因：第一，短信的排版从左至右、从上至下，跟字母文字短信的样式完全一样；第二，许多符号明显透露出英语国家的文化，比如高尔夫球的符号。第一个表情还说明短信的作者是女性，比英语中的第一人称"我"（I）更有信息量。短信中的几个不同面部表情都具有典型附属性表情符号的功能，即给内容增加了情感语气以及视觉注解，可以用在文字及表情构成的短信中。我们不需要再详细探讨这部分，如前文讲到的，面部表情能表达一系列的情感语气，从开心、难过到愤怒、讽刺，它们在附属性文本中的位置相似，作用相同。此外，有些表情比较容易被人理解，比如竖大拇指的表情代表满意或同意，着火和爆炸的表情有可能是对某事热烈或暴躁的回应。

为了破解其余的表情符号，我们必须从"排列结构"入手，即相应的句子结构。例如，结尾的一系列表情包括孵出来的小鸡、竖大拇指、跳舞以及一家人的肖像组成了一个实实在在的结构体——由一系列相互关联的形式按顺序组成的语言单位。这个结构体表达了作者出生带来的喜悦与情感。剩下的表情也可以从结构体的角度诠释。总体上说，这条短消息讲的是作者出生的经过以及她对这件事的概念性理解。尝试把整条短信翻译成文字，明显要求读者相当熟悉类似构造的短信以及把表情转换成字母文本时所需的潜在字符。

换句话说，翻译表情短信需要出色的表情能力。选择用什么表情离不开它们在结构中的具体位置以及彼此语义上的相互关联（比如用刚出生的小鸡代表普遍性的出生）。其实，我们构造任何形式文本的基本方法皆是如此：选择、组合、关联。这也是表情能力的内在属性。

显然，即使对于不使用表情符号的人，附属性文本也比替代性更易理解，因为表情的用法和意义是由文字信息流控制的，而不是表情结构与使用的内在原则。然而，一些附属性信息对认知能力提出了更高的要求，呈现出一种"混合文本性"，也就是说文字信息中的表情符号不仅具有附属的功能，而且还代替了一部分具体内容。后续章节还会对此做详细介绍。图 3.3（选自 http://www.smosh.com/）的短信就呈现出这样的性质。

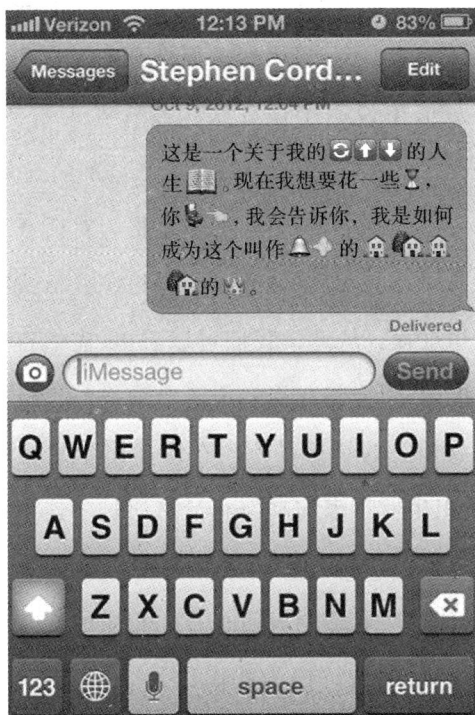

图 3.3 带有"混合文本性"的短信示例

　　如图 3.3 所示,这条短信从版式上与其他文字短信没有差别,但这里的表情符号不只用来修饰文本,而且还代替了部分句子结构。破译这条短信需要比较复杂的知识,包括符号与象征(比如文字)在一门语言或所属文化中的修辞范围。比如,书的表情代替"故事",旋转和上下的指向型表情等同于一个隐喻性的陈述,表示"来来回回,上上下下"。所以,这句话可以差不多翻译成:"这是一个关于我的跌宕起伏的人生故事。"其他部分也需要相同的修辞知识,比如用沙漏代指"时间"。可见,混合性文本比单纯的替代性文本的可译范围更大,但仍然需要较高的表情能力。最后这条短信还说明了修辞结构隐含在表情使用中。所以,表情符号的使用也体现了古典修辞的五大准则:

(1)构思(invention)。构思是指为对话或交流寻找观点或话题,是引导对话参与者组织并形成有效观点的最初过程。从上文我们可以看出,表情符号符合选材的准则,因为它允许发送者借助修辞手段塑造与某个观点相关的情感动态。在讲述出生故事的短信中,作者出生所带来的画面和情绪通过一连串图形文字讲述出来,既具陈述性又有隐喻性。在混合文体的短信中,作者明显感觉表情符号比相应的文字比喻有更强的修辞性,或许因为我们已过于习惯文字比喻,所以文字的修辞效果不佳。

(2)布局(arrangement)。布局指的是在构思文本时整理不同的语言形式,从而确保达到最大的说服力。这个技巧在目前分析过的短信中体现得淋漓尽致。在讲述出生故事的短信里,表情的使用和分布说明作者非常明白如何强调故事中的主要情感。在混合文体的短信中,放在特定位置的表情符号表明作者知道如何通过表情的修辞特点强调某些概念。

(3)风格(style)。风格是指决定如何呈现观点的过程。在信息中直接插入友好且有趣的表情符号很明显是一种表达风格。混合文体短信中的表情不仅

The Semiotics
of Emoji

占领世界的
表情包:
一种风靡全
球的新型社
交方式

060

体现了幽默感,还从视觉上诠释了作者的心情。

(4)记忆(memory)。从传统意义上说,记忆指的是记住文本内容从而在没有笔记的情况下将内容口述出来。虽然这一点似乎没有在编写的表情短信中有所体现,但证据显示,使用表情能增强对信息的记忆并且引导互动。研究小组询问了 100 名研究对象,他们是否能想起一些最近发过的短信。在检查过研究对象实际发送过的短信后,我们发现,他们回忆起的大部分短信都与日常琐事相关,并且大部分人可以几乎一字不差地回想起来。

(5)表达(delivery)。表达是指掌握不同陈述方式的过程,包括手势和语气。表情符号首先是表达语气的图形语言,因为它始终能给文字信息增加感情或细节;如果不用表情,这类微妙的情绪就只能通过措辞或句子结构表现出来。相比之下,表情符号使交流更加高效直接。

虽然修辞的五大准则是从各种传统文字文本中沉淀下来的,但他们同样也适用于表情符号。当我们告诉研究对象他们的短信可以从修辞角度进行分析时,每个人都非常惊讶。之后,我们解释了如何分析他们自己的短信,他们也意识到了自己使用表情的根本目的。如其中一名研究对象所言,表情符号"使信息从意思和风格上更有效果"。事实上,这个观点可以作为表情使用的一般原则,我们在随后章节中也会做出详细分析。

2010 年以来，广泛使用的表情符号收获了诸多反响，带来了许多变化，它已成为既通用又有具体文化属性的图形交流体系。不仅如此，如前三章所述，表情中的许多元素甚至超越了文化特性。一个间接证据就是，如果上文中的短信是用某种陌生的文字语言写的，那我们能解读的内容可能就要少得多，必须把它翻译成我们熟悉的语言才能理解。然而对于表情符号来说，翻译就显得不是特别重要。

从根本上说，表情字符或其他任何字符都具有三个普遍特征：第一个是代表性，即符号及其搭配规则可以用来具体代表某物。在之前提到的替代性文本中，短信作者希望通过表情符号的形式讲一个图画版的出生故事，就像儿童看的图画故事一样，因为相比纯文字版，表情版故事的可读性更强。整条短信的代表性口吻显然是轻松诙谐的，像是在讲笑话一样。即使我们不能完整地把它翻译成文字，但我们可以从中提取它内在的幽默感以及相关的情绪。第二个是可解释性，即任何熟悉所用字符符号及规则的人都可以成功地理解消息的意思。比如，读懂"出生故事"的短信需要一定的推理思维。然而，读者能通过推敲明白意思的事实证明，比起我们不熟悉的自然语言字符，表情符号更容易理解。第三个是情境化，即一些与情境相关的因素会影响信息理

The Semiotics
of Emoji

占领世界的
表情包：
一种风靡全
球的新型社
交方式

062

解,包括外部信息以及参考依据。情境能指引我们理解信息。讲述出生经历的短信除了明确的出生主题以外,尽管没有其他的外部情境,但在短信中,我们能找到一些与出生情境相关的文化参照,比如表示庆祝的表情。

显然,讲述出生经历的短信使用的表情字符不涉及与大众文化无关且影响理解的特点,并且它比陌生的语言文字更易懂。有些图形具体的编码形式体现了固有的文化理念,比如代表年长女性的表情符号(有可能是作者的亲戚)。考虑到键盘、应用程序、网站上的现有表情符号库以及故事的文化背景,这种情况在所难免。这让我们又回到本章开头提到的广告视频。这件事足以证明,表情不再只是用来加强信息中情感因素的附属性工具;相反,它也是一门可以接受调整、不断进化的语言,因此它的普遍性会进一步降低。换句话说,表情符号越来越宽泛的应用场景影响着与自然语言一起使用的表情本身,使它对自己引发的政治及跨文化压力更加敏感。

表情字符像自然语言一样,正经历种种变化。这些变化让表情符号逐渐进化,满足人们的需求,这与方便沟通其实并没有什么关联。也就是说,使用者群体的具体经历正塑造着表情符号。

最常用的表情符号

考虑到影响表情符号的外部因素,更准确地说,表情符号正朝着双层体系发展。第一层是适用于所有使用者的标准表情符号,第二层是基于具体情景及语境的可选表情符号。也就是说,表情符号由核心表情及适应性的次要表情组成。

表情符号的核心词汇出现在大部分键盘及应用程序中,主要包括前面提到的面部表情以及有具体所指的图形,包括太阳、月亮等。虽然这些表情有人们普遍认可的定义,但在具体信息的语境下,使用者仍然可以规定它们隐含的特殊意思。不过,核心表情的通用形式至少可以保证它们的用法不会因为语境的压力而发生较大变化。核心词汇的概念取自文字语言领域。虽然 20 世纪中期美国语言学家莫里斯·斯瓦迪士利用考古学及人类学的数据判断出哪些词汇在语言中存在已久且普遍通用、哪些词汇仅应用于个别语言,但事实上,语言学的起源可追溯到 19 世纪,那时的语言学作为自治学科才刚刚出现。因此,核心词汇为语言学家和人类学家提供了一个数据库,他们可以用这些数据推断出自文明初始就对人类有所帮助的概念以及所有语言描绘其原始词汇时所借鉴的相同概念。这背后的思想是每种语言都有几种生活中常见事物的分类词汇，比如表示父母、动物、植物、身体部位、工具、武器等的词汇。

核心表情符号大体上与核心词汇保持一致，把核心概念从不同语言的语音及语法要求中释放出来，显得更通用一些。有趣的是，在斯瓦迪士的核心词汇表上，首先出现的是人称代词（比如我、你、我们）、指示代词（比如这个、那个）以及疑问词（比如谁、什么），此外还包括一、大、小、人、鱼、狗、树、耳朵、眼睛、嘴、手等概念。核心表情符号也收录了这些概念。然而，在不同应用程序和平台上，这些表情的特征不尽相同。但不管具体形式如何，人们还是能理解这些表情。这样一来，变化不定或具有文化特性的理解就不大可能出现了。类似笑脸或难过脸的面部表情也是核心表情符号的一部分，但它们没有被收录在斯瓦迪士核心词汇表中，可能因为斯瓦迪士认为给情绪起名字需要考虑太多可变因素，并且受到人们不同经历与反应的影响（符合斯瓦迪士参与的语言学相对论流派）。

然而，有关脸部的研究显示，世界上存在形容基本情绪的词汇，比如愤怒与惊讶，所以，从某种程度上说，核心表情符号扩充了斯瓦迪士词汇表。

斯瓦迪士的核心词汇表中还包含一些常用动词，例如吃、喝、杀和飞。与这些动词相对应的表形表情符号都能轻松地在不同网站和应用程序中找到。

相比面部表情符号，这些表动作的表情通用性较低,所以人们对它们会有不同的理解。这种情况很有可能与其表形的本质有关,因为具体图标毕竟不容易代表动作。但其实对于世界上许多使用者来说,他们还是能直接明白这些动作表情的意思。总体上说,名词概念最容易被编写成表情符号,而动词、形容词或语言的其他成分就比较难有视觉的代表形式或被统一成核心表情。当我们把几个动词表情符号展示给研究对象时,尽管一些人说他们很少使用,但他们仍然毫不犹豫地说出了它们的正确含义。

根据几个包括统一码在内的信息源所示,大部分平台都支持超过 800 个常见的表情符号,其中包括了大部分核心表情。苹果操作系统 iOS 9.1 支持可跨平台使用的近 1600 个表情,包括常规表情(比如面部表情)、国旗以及其他表形符号。"非常规"表情就是有些理解难度的表情符号。所以如果我们算一下,去掉有明确所指对象(比如国旗)的表情符号,研究小组认为核心表情符号大约有 1000 个左右。

当然,对当前表情使用情况进行系统的统计分析能使我们更科学地筛选通用及非通用表情,但这明显超出了我们的研究范围。不过,有间接的轶事证据显示,1000 多个核心词汇并没有与实际应用脱节。图 3.4 中的表情集是 Macworld 网站(http://www. macworld. com)列出的 2016 年最常被苹果移动设备用户使用的表情。大部分表情对应了部分核心词汇,但很明显,有些

The Semiotics
of Emoji

占领世界的
表情包:
一种风靡全
球的新型社
交方式

066

表情基本不能算通用。但这也间接说明了，表情符号
的主要用户可能是讲欧洲各国语言的人，最有可能是
讲英语的人，因为许多符号明显暗示了使用这些语言
的国家的文化。

图 3.4　2016 年苹果手机用户常用表情符号

　　图 3.4 中的个别表情没有被算入 1000 个常用表
情符号中，例如票根和卷饼。此外，我们也查阅了其
他整理收集基本表情符号的网站。同样，大部分表情
都在研究小组整理的核心表情符号之列。

不常用的表情符号

　　如果再重复一遍的话，本章节开头提到的数据证
明，表情符号在全世界的普及是显而易见的。单单在
图片分享及社交平台 Instagram 上，据其团队估计，约

有 40％的帖子包含至少一个表情符号。在某些国家或地区,比如芬兰,这个比例高达 65％左右。芬兰人还创作了具有国家特色的表情符号,比如蒸桑拿的表情。类似的趋势导致人们越来越需要多样化的表情符号,所以就出现了我们所说的次要或辅助表情符号,用来在具体和特殊交流中作为核心表情的补充。但是,这种发展不会太挑战表情符号的可理解性。即使在以次要表情为主的替代性短信中,读者还是能更快理解表情符号,而不是对应的陌生文字。现在,表情符号的语言能力还包括知道怎样有技巧地使用核心及次要表情。正如一名研究对象的贴切描述:"我们都知道怎么用常见的表情,比如笑脸;但有需要的时候我们也会用其他表情,就算这些表情不是总能被很快找到。"

第一章提到的笑脸表情之父罗法兰尼还创造了一部线上表情字典,他把表情进行了分类,包括情绪、旗帜、动物、食物、国家、运动、天气等一系列单独类别。但这些分类中没有区分出核心表情与次要表情,有可能是因为这个字典是在很久之前的 1997 年整理出来的。2000 年,罗法兰尼还做了一套可下载的"表情字符目录",有趣的是,该目录包含了 1000 种微笑符号。这或许可以被看作挑选核心表情词汇的首次尝试,尽管网站上没有展示出明确的计划;况且,目录中的许多符号如今已经不再常用。

The Semiotics
of Emoji

占领世界的
表情包:
一种风靡全
球的新型社
交方式

068

起初,有些表情符号有具体的含义,比如鞠躬的商人和一朵白花的意思是"作业做得很棒"。后来,统一码联盟发现如果修改一下、突出可能有核心用途的图形文字的话,那么表情符号就有很大的通用价值。从 2010 年起,统一码的确开发了标准字符索引体系,不仅使表情符号传播到日本之外,而且允许各地用户根据事实情况决定通用表情及次要表情。这个体系每天都在吸纳新的表情符号来满足使用者的具体需求,比如全新的面部表情等,并且不会影响到那些核心表情。随着次要表情的不断增加,表情符号现在可以满足来自不同文化及利益群体的需求。

毫无疑问,这种情况也让我们想起歧义的幽灵(第二章),暗示着表情符号的语言能力具有双重性(通用性及附属性)。之前提到的涂指甲油的表情就是一个典型例子。它看上去符合普遍认知,但由于不普遍适用的女性形象赋予了它截然不同的修辞象征,这个表情引起了(且还在持续引起)不同的反应。相比之下,最早的微笑表情集却几乎没有遭受全世界使用者的挑战和质疑。

但出乎意料的是,核心及次要表情都曾引起过有关理解的争议,因为取决于使用者的语言及文化,图形可以产出不同的言外之意或隐含意义。当我们询问一位几年前因动乱逃离中东的当地研究对象,微笑表情对他以及还在中东的家人意味着什么,他指出:

"如果你一直遭受磨难并且担心活不下去，你不会轻易使用微笑表情。"事实上，他比其他人更少使用表情符号，只有用表情真的能从某个角度加强效果的时候，他才会使用。同时，因为表情符号可以被用作名词、动词或其他的话语组成部分，所以当它们连用或以某种方式分布在句子中时，使用者的母语结构引导着他们选择并安排具体的表情符号。因此我们可以发现，就像不同文字语言所表现出来的，形容词或动词表情被放在信息中的不同位置取决于信息的具体作者。

有趣的是，因为表情符号已基本成为所有电脑或移动设备用户的非正式第二语言，所以在苹果移动设备操作系统 iOS 的所有键盘选项中，就有囊括了核心及次要表情形式和结构体的表情键盘功能。它可以自动将文字转换成适合的表情。当用户编写信息时，表情键盘能通过输入的文字发觉用户的意图，进而把文字转化为图形文字。用户现在也可以自主上传单词或短语的表情翻译，这也会被添加到用户的个人数据库中。

一张图胜过千言万语

表情符号让人们以更紧凑且全面的方式传达细腻的意思。相比之下，用字母文字表达相同的意思就需要更冗长且连续的详细阐述。也就是说，表情符号展现了它精简的品质,用一句俗语概括就是"一张图胜过千言万语"。更具体地说,表情符号是快速交流的简约符号体系,能够高效地加强表达效果,而如果用字母语言表达同样的意思,则需大量的文字手段。

　　一直以来,人们都在努力使交流变得快速而简约。比如在 17 世纪,法国国王路易十四想要统一字体形式,推行由法国科学院设计的国王字体(roman du roi),将标准化的字母一一映射到整齐的网格上,从而减少使用此前以手写体为主、混乱随意的字体。这段历史使国王控制了书写系统,他的权威也在读写实践上留下了烙印。表情符号从标准化到提取核心表情的发展过程也与此有些相似之处。但这个过程中的权威并不涉及帝王色彩,更多是技术性及商业性的。一方面,统一及核心的符号可以方便地应用,保证发送者及接受者基本上"说一门语言",但为了达到这种效果,他们必须用同种硬件或键盘,这时就需要有强大的技术力量介入。那些以具体文化或商业目的为理由,想要扩增表情符号的人必须向统一码联盟或其他"技术权威组织"提出申请,由这些组织决定申请是否有效,像古时候的国王一样做出裁决。如果认为所申请的表情实用且有必要,统一码联盟就会将其编译成表情符号,添加到不断扩大的次要表情库中,供人们跨平台使用。

　　因为所选字体过于复杂,国王路易十四的计划没能实现。同样,统一码的标准化能力也有其自身限制。表情符号是字体，所以不能做到在不同设备上一模一样地呈现出来；更重要的是，表情使用者们一直在修改并创建新表情，而统一码体系无法控制这种个人操作。这个话题在后续章节中还会被谈到。

图形交流本质上是全面且综合的，在表情符号出现之前就已经是一般日常交流的趋势，比如使用电脑图标、公共场所的视觉标志、商标等。所以，从某种程度上说，"现代的眼睛"已适应了处理图形化的信息。表情符号现象只是内在交流趋势的自然产物。简洁和快速已成为当今世界基本的交际价值观，也就是说，消息越短越好；所以，表情符号在此时出现正好实现了信息的精简、快速、有效传递。

事实上，对于表情文字的批判也是在预料之中的。任何时候只要书写系统或更宽泛的读写实践发生变化，都会有人认为它具有破坏性或象征着标准的式微。这本质上是一种关于文字在知识产生过程中扮演什么角色的过时思维。文字的出现是用来代替口头表达的，这一点就是令人担心的原因。在《斐德罗篇》中，柏拉图讽刺又猛烈地抨击文字的威胁，因为文字给记忆带来负面影响，弱化大脑在雄辩中对逻辑矛盾的机敏察觉。柏拉图担心书面文字的作用太大、说服力过强，因为文章不涉及互动对话，不允许人们当面来回争辩，被观点操控的风险就会变高。当然，与柏拉图的焦虑截然相反，书面文字快速普及，随后

The Semiotics
of Emoji

占领世界的
表情包：
一种风靡全
球的新型社
交方式

072

成为知识体系得以建立的基石。追求更快、更简单且切中主题的书写方式,抛弃长篇大论的专业著作或哲学研究,已成为现代社会的主要趋势。大众传媒技术一直想要实现这个目标。认知科学家用"精简"一词形容把大量信息压缩近简介形式的过程。显然,表情符号通过基本的图形属性达到了精简的目的。

在表情符号之前,人们也曾尝试创建用于交流和指代的精简视觉符号。其中最著名的应该是查尔斯·布利斯(Charles Bliss)的布利斯符号(本书最后一章将对此进行详细讨论)以及艾萨克·皮特曼爵士在 1837 年发明的速记符号体系(见图 3.5)。

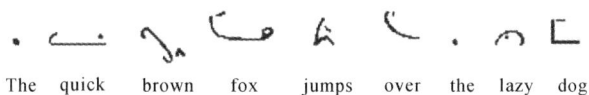

The　quick　brown　fox　jumps　over　the　lazy　dog

图 3.5　艾萨克·皮特曼爵士的速记符号体系

皮特曼的符号体系以速记为目的,即迅速记录口头描述及对话。所有速记符号体系都是为速记人员打造的,主要用于录音设备(比如录音机)发明之前。速记需要接受专门培训,而使用表情符号却不需要,就算人们必须在有效使用表情前先熟悉表情符号。所以,对于专业速记员来说,表情符号不单是简练的图形文字,但他们一般还是不会使用表情。表情符号的主要使用者还是那些想快速沟通(类似速记)且希望把细微情绪带入信息中的人群。

Emoji Semantics

第四章
表情符号的语义学

若要探求真相、崇奉真理，我们就必须思索事物本质而非语言描述，
至少应始终透过言辞把握事实。

——奥利弗·温德尔·霍姆斯 (1809—1894)

4 名研究人员诺瓦克、斯梅洛维奇、斯鲁本及莫泽
蒂奇于 2015 年进行的研究间接证实了本书目前为止
所讨论的主题,并且提供了统计学证据:表情符号主
要用来增强非正式沟通中的积极语气。他们在分析
了 7 万条覆盖 13 种语言且带有表情符号的推文之后,
发现积极的语气是基本表情符号的主要功能。如结
论所说:"大部分表情符号是积极的,尤其是最受欢迎
的那些。"研究为了识别表情符号的中立程度,以正面
性、负面性、中立性作为衡量指标,划分了 751 个表情
符号。总之,研究人员发现表情符号的主要用途是:
不管具体意图或目的,表情都能给文本语境增加一些

积极因素。

增添不同类型的微妙细节是使用表情符号的语义学目标。这里所说的语义学是指任何符号或符号形式的意义以及与它相关的结构属性，比如表情在信息中的具体位置。不是所有字符都有语义结构，比如字母体系。当然，除非把单一字母从体系中抽出来并给予它具体的象征含义，比如用字母 A 代表"优秀"或用字母 X 代表"匿名"，否则单一字母并不具有语义。字母为词语及其他有意义的结构提供了素材（能指）。但表情符号就像其他图形体系那样，拥有内在的语义结构。也就是说，表情符号可以直接以附属、替代或混合的方式指向概念与情感。字母体系具有双重分节的性质，意味着字母体系提供有限数量的字母，而字母可以用来制造无限可能的复杂结构。许多字符都有这种结构特点，包括数字系统，比如十进制和二进制。然而表情符号具有展示性结构，借用苏珊·朗格的术语来说，表情本身自带含义。

如前文所讲，表情符号与成熟的图形书写系统有所区别，主要的不同之处在于，尽管表情越来越多地用来替代文字内容，但大多数情况下还是用作附属性成分。表情符号与历史上的图形文字也不相同，因为表情是先被制造出来、再从既定的表情库中被选择并使用的，比如我们在键盘上看到的表情。表情具有混合的结构性质：一方面，像字母字符一样，它们可以用

占领世界的
表情包：
一种风靡全
球的新型社
交方式

来组成更高级别的结构（比如词语）；另一方面，它们是带有展示性结构的图形形式。表情给文字文本带来了各式各样细腻的语义。据我们了解，表情不能用在正式文字语境中或用来表达严肃正式的意思。人们现在用表情来降低人际交流时出现冲突的潜在风险。一名研究对象强调说："我绝对不会在论文中用表情符号，如果我用了，我一定会挂科。"另一名研究对象称："表情让我发的消息显得积极，就算我想说些不好开口的话，它也能避免冲突。"

正如让·贝蒂多准确描述的，语义结构"基本指的是将各个部分有机联结并组成一个有序整体的关系体系"。著名的索绪尔认为结构组成及符号意义的基础是它们彼此之间的相互联系。基本上，表情符号的语义结构分析就是研究表情与信息中其他部分的关系，或者说研究使用了表情符号的信息是如何构思、组成并呈现出来的。

本章将着重介绍表情符号的语义学。在线上交流中，表情符号以及其他视觉符号变得越来越常用，这或许会影响使用字母语言的文化重塑或调整写作实践的方式。如果最终真的如此，主要原因是视觉呈现的书写形式具有一种契合人类直觉的吸引力。如第一章所讲，表情符号或许能让人们重新找回文字起源时期的"视觉认知"。当然，数字媒体中视觉图示交流的兴起也有可能只是一时的潮流。未来的交流形式中,字母文字可能再次重获主导权。尤其是如果语音激活技术持续普及,人们就会越来越不需要短信或推文这样的非正式文字交流。但目前,实际情况并非如此。我们问过研究对象:"你们喜欢用哪种方式跟朋友聊天,文字(比如短信)、面对面或者视频(比如Skype)?"让我们惊讶的是,几乎所有人都选择了文字媒介,这主要是因为相比之下其他媒介有更多潜在缺陷。其中一位研究对象在提到给父母发短信时说:"发短信的话,至少可以保证我们不吵架,但如果当面说话,我们就很容易吵起来。"

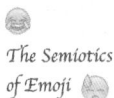

表情符号中的同义词

之前的章节提到了表情符号最早只用来代表核心的面部表情图标。基于各种次要表情的出现,如今表情符号泛指各种类型的图形,包括物品、人物及事件。由此可见,表情符号具有表形及表意的代表性结构。但是,在使用表情时,使用者不需要把每个具体概念画出来;假设人们必须这么做,在实际操作时就会出现许多不可控且受主观影响的因素。所以,表情符号与早期的表形文字不同,因为后者要求人们在平面上将其绘画出来,绘画者的主观性不可避免。如之前提到的,人们从键盘或应用程序现有的标准表情库中选择使用表情,这一点与字母字符一样。此外还有各种不同的相关应用程序和网站作为补充。所以，细微的语义因素已内嵌在预先设计好的符号之中。为了方便，我们再次引用了图4.1中的三个表情。它们表达的意思大体上就与预设含义相同。

微笑表情　　　眨眼表情　　　桃心眼表情

图4.1　三个表达开心情绪的表情

三个表情全都指向一种情绪——开心。但每个面部表情的细节体现出开心的不同程度及微妙差别。最左边的月牙眼微笑脸清楚、明确地表现出了开心；中间的表情也传递了同样的情感，但此外还有眨眼的动作，象征着参与对话的人之间存在某种关系——眨眼给聊天产生的情感意义增加了一丝神秘或滑稽；最右边嘴张开、桃心眼的表情用来表达强烈的喜悦，暗示着聊天的人之间有表达爱意的意图或浪漫的关系。桃心眼的表情没有眉毛，所以人们会更关注眼睛。尽管每个表情的基本语义内涵可以被轻松感知，但不同的细节制造出一些决定表情最终含义的语义差别。这些特点往往具有文化编码的效果。比如说，在不能公开或私自表达爱意的文化中，眨眼的表情基本不会被社会接受。因此，在以上三个表情中，嘴巴、眼睛和

眉毛展现了它们之间的微妙差别,这些细节也会区别
开它们的用法。

　　表情符号的这些含义自然协调地融入短信中,它
们不仅起到装饰的作用,而且是完整意义的一部分。
在我们分析的 323 条短信中,最左边的表情常出现在
消息的结尾来代替句号,同时发挥寒暄的功能,使整
条信息讨人喜欢,而没有以标点符号收尾时戛然而止
的感觉。但是,如果把其余两个表情用在信息的结
尾,寒暄的功能就会与一种具体的情感(比如浪漫)交
织在一起,暗示着交谈的人之间有非常亲密的关系,
提示着对话还会在之后某个时间继续。我们在 5 条短
信中发现了这种用法。桃心眼的表情还有一种修辞
功能,通过心形的象征意义表示喜爱。不同表情内在
的细微差别可以制造出一种"同义词效应",从字面意
思我们可以推测,它指的是在具体语境下使用的表情
符号可以引出一系列相关的文化及象征性的概念。
上文分析过的三个表情就体现了这种效应。例如,最
左边的表情代表着"很高兴跟你聊天";中间的表情可
以代表"开玩笑而已"或者"这是我们之间的秘密"等;
右边的表情把开心与爱意和浪漫象征性地联系起来。
总之,这三个表情直接地或含蓄地增强了信息中的积
极语气。

　　本章节开头提到的研究为阐释表情符号的基本
语义模式提供了相关实验数据。如上文所述,研究人

员分析了用在 13 种语言信息中的 751 个表情符号,并把它们按照三种情感性质归类,即积极性、消极性和中立性。比如,阴阳的表情就被普遍认为是中性的,所以在情感标尺上位于中间的位置,代表了很高的中立性。研究人员把他们的评分系统叫作"表情情感排名",并用这个方法给所有 751 个核心表情打出了情感评分,区分出表情不同的情感程度。研究团队还邀请了以涉及的 13 种语言为母语的人一起给表情符号评分。从他们的评分系统中,研究人员可以判断哪些表情引发了负面情绪,比如哭泣的猫脸;而哪些表情带来了积极或中立的情绪。令人惊讶的是,他们发现有些表情尽管看上去是中立的,但事实上人们却认为它们是负面的,其中包括抿嘴的面部表情、警察的标志甚至还有便当盒的符号。虽然研究人员没有展开文化编码的问题,但这些评分结果有可能跟具体文化下的近义词效应有关。

　　研究人员总结出的一般结论是:大部分表情符号可以制造出积极的情绪。他们还发现表情一般出现在推文的结尾处,并且表情距离这个位置越远,情感极性越强。该研究由研究对象选出的最积极的表情是由小破折号组成的一条竖线,情感评分高达 0.96 分(满分 1.0 分)。我们的研究团队给我们的研究对象展示了一套相似的表情符号,请他们评分,从负面到中立再到正面。我们得到的结果跟上面的研究结果相似,但同时,上述研究中认为是负面的表情却没有在我们的研究对象中找到共鸣——这一点很能说明以具体文化为基础的同义词效应的确存在。比如,说到便当盒表情时,所有研究对象都对它的负面得分感到惊讶。一位研究对象说:"也许那些评分的人所在的国家认为这是一个不好的标志,但对我来说还好。"

能"框"住的逻辑

表情符号可以制造出一种具体的口吻并且把会话者的思维框架带入对话。这种作用符合社会学家欧文·高夫曼称为"逻辑框架"的部分定义——逻辑框架指把某个角度的观点及想法"框"在所用形式中。在只使用字母文字的交流中,发送者的思维框架必须通过字词句的甄选和布局体现出来。这就需要有很高的认知投入及语言能力,包括了解非常具体的语义语用学知识、掌握所用语言的语义文体结构以及会话实践。说不同语言的人在交流时最难体现框架,因为它嵌在文字信息的层层语义及语法组织里。然而,在使用表情符号的信息中,思维框架就能相对容易地表现出来。首先,视觉符号具有不同的细微特征,比用文字表达相同的意思更好被人理解;其次,符号在信息中的位置也体现了一定的策略与技巧。比如,如果我们想表达讽刺的含义,文字可能很难将其框定在具

体结构中,但表情符号能把讽刺含义通过表情的面部
结构以及在信息中的位置传递出去。我们在研究对
象中发现,图 4.2 中苦笑的猫脸表情常被用在信息中
表达一丝讽刺意味,一般人们会把它跟短句"你明白
我的意思吧?"或者"只是个玩笑"连用。

图 4.2　讽刺的猫脸表情

　　这个表情传递出的情绪大概能被人们普遍理
解——学术术语称为"同等框架"(equivalence framing)。
但事实也不一定如此,因为讽刺一般包含对比强烈
的语言表达,并且在约定俗成的会话实践中出现;只
有熟悉了文化背景后,才能明白讽刺的意义。事实
上,上面的表情属于"强调框架"(emphasis frame),以
视觉形式凸显讽刺的特点;它的脸部结构以及猫的
形象都能让我们感受到这种情绪。在许多流行文化
领域,例如卡通和动漫中,常把猫作为喻体,因为猫
一般象征着聪明和讽刺。因此,在具体文化中,表情
符号组成了意义整体的一部分,可以用来表达讽刺
的微妙情绪。在猫不具备上述文化内涵的文化里,

讽刺框架的形式也是截然不同的。但是，我们问研究对象会不会在跟非英语国家的人聊天时使用上面的表情，比如在跟来自世界其他地方的朋友讲话时？几乎每个人都说他们会用上面的表情，但同时还会用上其他不会特别依赖具体文化的表情作为"补充解释"。大部分人相信，不管来自哪里，懂互联网的人应该会很轻松地领会到表情中的讽刺意义，如一名研究对象所说，这些人在网络世界都很"积极且投入"。

约翰娜·德鲁克曾对多媒体网络环境中的图形元素做过详细分析并得出如下观察：

> 欧文·高夫曼的框架分析与我们接纳网络环境的过程尤为相关。生活在这样的世界里，我们时常需要弄清楚网上有哪些领域或种类的信息以及互联网提供了哪些任务、行为或可能性。在互相关联的网络社会，比如在苹果手机上，按钮和图标的框架有条理地组成了一系列功能。它们切割、隔离、划分并区别每种不同的行为或应用，以此满足用户的基本期待。用户的参与感随之出现并回归到界面上，并且以一种互相依赖的方式持续下去。

毫无疑问，以表情符号为基础的框架似乎提升了会话者之间的参与感和依赖感，比任何其他类型的语境更明显。但 20 世纪 70 年代中期保罗·格莱斯所做的经典口语对话研究却得出截然不同的结论——人际间的依赖感是由控制一切人类互动的对话准则带来的。格莱斯认为，人们在交流时需要把心理状态归因于他人，然后在脑海中猜测能描述这些心理状态的语言形式——这正是人们能够互相理解的原因。虽然他认可了语境在框架形成中扮演了一定角色，但最终还是认为交流的目的是交换信息。但表情符号的语义特点表明，有指示含义的表情符号几乎不用于口语表达。信息中，表情符号内置的情感与修辞的细节也无法用一系列信息交换的原则解释。我们请 100 名研究对象描述使用表情跟编写信息的关联，其中 92 名回答，他们从不会在表达愤怒或谈论严肃话题的信息中使用表情符号。从中可以看出，表情符号的确具有情境化情感属性，而不单单只是传递信息。另外，研究对象还补充说，当出现类似的上述情况时，他们可能会在比较麻烦的信息中用表情来缓和气氛。

不止一层含义

所有表情符号都或多或少体现了近义词效应中的隐含意义，不仅限于面部表情符号。在我们分析的 323 条短信中，有 4 条使用了图 4.3 中的表情。

四叶草　　　　草莓　　　　小货车　　　时钟/时间

图 4.3　某 4 条短信中涉及的 4 个表情

四叶草的表情暗示出一种特别的隐含意义，即"好运"。研究对象用这个表情祝福对方考试好运。草莓符号的意思是发送方喜欢在有压力的时候吃草莓。小货车的表情用在句子"我爸妈就这样四处玩"的后面，明显体现出讽刺的意思。用在"时间在一分一秒地走"后面的时钟符号表明一件重要且不可避免的事情就要发生了。换句话说，符号的使用不只可以表达信息或用视觉形式装点文字信息，更重要的是，它们可以用带有文化特性的细腻内涵来丰富原本的意思。在人类使用的任何符号中，隐含义都不能被消除或减弱。它始终存在，甚至是我们组织并使用普遍观点及概念的根基。

从符号学角度来说，所有符号都蕴含着两种主要形式的意义——指示义与隐含义。指示义是一个符号最初被定义的含义，所以它指向的对象，比如上图中的小货车才能有别于其他种类的机动车。更准确地说，指示义具有聚合性，选择并代表一系列相似实物中的具体一类。

当用作单一词语或表情符号时，词语"小货车"表达了指示义。但当用在比如短信中的具体语境时，小货车符号就能传递出以往社会及认知使用积累下来的各种隐含义。

再一次从学术角度来看，隐含义具有组合性。当词语或表情符号与其他结构一起使用时，它的隐含义就可以显现出来。

正如一些拘泥于字面意义的传统语义理论现在仍在坚持的，隐含义不是可有可无的；当各种符号形式用在一起时，我们会自然想要甚至迫切需要释放符号中的隐含义。

表情符号的语义体系具有内在的隐含义，甚至还能体现出富有想象力或情感的诗意隐含义。上文讨论到的红心眼表情就是一个好例子。在短信中，人们看到这个表情就会立刻觉得它是一个形象生动、充满诗意的象征。红心的象征性体现了诗意的沟通功能，诗意是指带有诗性美感和丰富情绪的风格及价值。皮尔斯（Peirce，1936：58）定义符号纯粹的指示义为"直接对象"，符号激发的隐含义为"动态对象"。所以，红心眼的表情符号兼具直接对象（即浪漫关系带来的幸福感）及动态对象（即"真心真意"的浪漫关系带来的美好感觉）。

当然，尤其是在歧义及隐含义有可能误导沟通的语境下，表情符号可以先用来满足首要的指示功能。

比如,图 4.4 中向右指的表情符号代表向右指的手指,
主要体现的是指向性的意思。

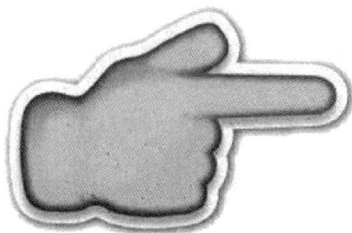

图 4.4　指示性的手指符号

The Semiotics
of Emoji

占领世界的
表情包:
一种风靡全
球的新型社
交方式

090

　　但是,就连这个表情都不能被完全限制在它的指
示义中,因为看到这个表情的人可能会根据语境主观
地联想到其他意思,比如"时间到了""太晚了"等等。
　　即使人称代词(比如我、你、他、她)和个人姓名一
般是指人的民族、家庭及其他身份相关的背景信息,
但代表这类信息的表情符号也具有隐含义。因为不
存在"代词"表情符号,所以例如代词"我"通常用人形
的表情符号代替,就像我们在上一章讲出生故事的短
信中看到的。代词"你"常用箭头符号代指,因为在面
对面的对话中,我们习惯指向一起聊天的人。代词
"他们"通常用很多人聚在一起的群体表情符号表示。
所以,尽管这些代词都有相同的指向性指示义,但是,
用各种不同的图形符号代指代词的事实证明代词也
有隐含义。一些理论学家也许认为,任何语义体系都
可能有隐含义,而表情符号的语义中一定有此特质。

值得关注的是,目前有一种叫"Bitmoji"的新型表情,更能体现个性。这种表情图片可以从预设选项或网站上定制出来。在设计最能代表个人形象的照片时,我们对身份的理解也在改变。

图 4.5　Bitmoji 手机界面

当我们问研究对象他们是否在使用 Bitmoji 时,许多人说他们没有用,因为觉得有些"奇怪"。概括地说,Bitmoji 是一款可以用自己的形象制作表情符号的应用程序,这正是有些人不用这款应用的原因,就像一位研究对象所说,"我朋友都知道我是谁,也知道我长什么样"。所以,Bitmoji 可能会过时,但它的出现仍然表明,表情符号很难体现出某些语言形式的指示义。另一位研究对象指出,"Bitmoji 就是用来设计自己的漫画形象的"。由此看来,这种表情符号可以用在轻松幽默的语境下,但在其他情况下就难免显得不适合。

总之,表情符号能成为方便沟通的符号并不是因为其自身属性,而是因为我们为了交流的目的,通过象征的手法把意思灌输到符号形式中。如索加·K.福斯总结的,这个过程包含三部分:"不是每个可视的物体都具有视觉修辞能力。三种特质能将可视的物体变成可交流的'工艺品',即可以用于交流及修辞的符号:有象征含义、有人为干预以及有交流需求的使用受众。"

The Semiotics
of Emoji

占领世界的
表情包:
一种风靡全
球的新型社
交方式

092

微表情与表情符号

　　如前文提到的,表情符号最早是作为图形字符的替代品流行起来的,用来表达类似面对面交流时的某种情绪。换句话说,它们起初通过形象生动的图形,在文字信息中代表面部表情。所以,深度剖析面部表情符号会很有帮助。

　　心理学家保罗·艾克曼是最早研究面部表情"语法"的人之一。他创作了一套包含1万种面部表情的"情绪大全",如今仍被科学家、符号学家甚至警察广泛使用。艾克曼希望发现情绪的生物相关性,识别在不同情绪下面部组成的具体配置。他首先借鉴了达尔文有关面部表情的模型及相关研究,了解包括微笑在内的面部形式包含哪些具体反应。对于他的研究方法来说,开发技术从而测量产生面部表情的肌肉运动是至关重要的,肌肉运动的多种组合方式决定了具体表情的含义。所以,艾克曼分类整理出来了他称为"微表情"的一套标准表情单位,并且研究跨文化微表情的一致性与变异性。他发现,在统计可控的范围内,包括厌恶、害怕、生气、蔑视、悲伤、惊讶及开心在内的基本情绪在全世界都会激活相同的微表情模式。或许正是因为面部表情符号的风格化表现形式体现了相同的微表情,所以我们面对这些表情的反应也都一样。

艾克曼的研究发现也引起了一些争议,一些研究人员称,他们发现大多情绪都是后天习得而非与生俱来的。然而,即使面对这些质疑,艾克曼的结论仍然从直观上显得有理有据,因为他还通过一系列覆盖东西方不同文明社会的研究,发现基本情绪的面部表情具有高度的跨文化一致性。所以,世界上最先广泛应用的表情符号恰好代表了人类的基本情绪。表情的创作者有可能事先读过艾克曼的著作,也有可能在不了解的情况下得出了相同的结论,见图 4.6。

仔细观察一定数量的真实面孔后,我们就能发现表情符号与微表情的面部结构有惊人的一致性。艾克曼之后继续扩充跨文化性的基本情绪列表,把幽默、轻视、尴尬、激动、愧疚、骄傲、安慰、满足、愉悦和羞愧包含进去——所有这些情绪也都有相应的表情

生气　　　　　嫌弃　　　　　害怕

幸福　　　　　悲伤　　　　　惊讶

图 4.6　人类的基本情绪

The Semiotics
of Emoji

占领世界的
表情包：
一种风靡全
球的新型社
交方式

094

符号形式。我们无须继续深入学习艾克曼推导面部
表情的步骤以及他在不同文化中观察到的具体细节，
他的研究足以证明存在一套通用且核心的面部表情。
所以，面部表情的语义学也同样适用于核心表情符
号。毫无疑问，表情符号带有文化特性极强的隐含
义，但从指示义来看，表情符号所代表的绝对是人的
基本表情。当然，不同文化模板雕刻出来的肯定是表
情符号的隐含义。

　　艾克曼在 20 世纪 60 年代启动了他的研究项目，
于 1963 年在加州大学旧金山分校的精神病学系创办
了人际互动实验室。华莱士·V. 弗里森于 1965 年、
莫琳·奥沙利文于 1974 年先后加入了实验室。几年
间，艾克曼和团队识别出一些通用的面部表情以及基
于具体文化的表情。换句话说，面部表情是个混合模

态体系,碰巧与许多文本极其相似。艾克曼对于面部表情中眉毛的位置、眼睛和嘴的形状、鼻孔大小等的详细分析与我们的讨论十分相关。这些部位的不同组合就决定了一种表情的含义。如上文提到的,它们组成了面部表情符号的轮廓能指。

有关身体符号的研究被统称为人体动作学。美国人类学家雷·L.伯德惠斯勒开创了这个学科。他分析了人们在对话中彼此互动的慢动作影片,总结了人们典型的具体动作和反应。他引用了语言学的概念来描述动作模式,并相信这些动作组成了带有意义的单位,从功能上和语言的音位、语法及词汇单位相似。所以,这种非语言符号体系之后一直被称为"身体语言"。人体动作的符号或者伯德惠斯勒所说的"势位"(kinemes)可能是与生俱来(非自愿)或后天习得(自愿)的或两者皆有。眨眼、清嗓以及脸颊泛红是天生(非自愿)的符号,就像上文中提到的基本面部表情。大笑、哭泣和耸肩是典型的混合性符号。它们可能来自本能反应,但文化规则影响着这些符号的结构、时机和用途。顽皮地眨眼、竖大拇指或招手示意都是习得(自愿)的符号。按道理说,这些符号的意义在不同文化中有不同的意义。这也许就是许多身体动作表情常被理解为带有文化特性的含义,而不是通用的形式。图4.7中的身体动作表情模仿典型的挥手打招呼的手势,可以被解读成"你好"或"再见"。

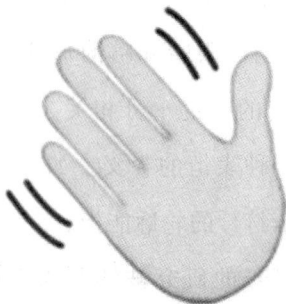

图 4.7　招手的表情

The Semiotics
of Emoji

占领世界的
表情包：
一种风靡全
球的新型社
交方式

096

其他身体动作的表情都是具有文化属性的势位，比如拍手的表情表示鼓掌，双手张开的表情代表"接受"（见图 4.8）。

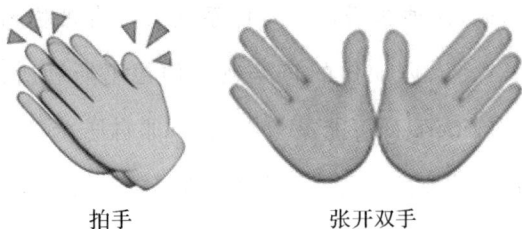

拍手　　　　　　张开双手

图 4.8　拍手和张开双手的表情

当然这些符号可以仅被用作代表具体且直接的手部动作的指示义，但它们的最终释义则需要从文化角度解读。比如拍手可以被解释成同意或表扬的符号，尤其是在西方及其他文化里，这是表演结束后人们会做的动作；但这个动作就不能用于某些文化（比如部落文化）或者仪式结束后。同样，张开双手的表情也有非常宽泛的隐含语义，从表示同意到虔诚祈祷。对此我们暂不展开讨论。

艾克曼的研究中还有一个方面跟我们讨论的话题相关,那就是有些微表情代表撒谎。跟人们的普遍观点相同,迈耶及豪埃森、宾客夫斯基以及乔琳已证明人在撒谎时瞳孔会扩大;根据谎言的本质,不同的文化对于放大程度的定义也不一样。这也就是说,人们可以用微表情的结构追踪、测量并记录谎言。但是我们在用视觉形式描画谎言的时候一定要小心,因为就像乔安娜·德鲁克中肯地建议称"脸部画像"通过并透过图形形式举例证实了演绎知识和社会共识的具体方法。因此,这种方法会被轻易当作漫画,而不能直接代表某些含义。表示撒谎的表情符号就有这样的情况。最常见的撒谎表情就是长鼻子的表情,它是从一个具体的文化含义中提取出来的——童话故事《匹诺曹》。很明显,此表情不涉及微表情,所以只能从文化隐含义理解。另外一个表情从轮廓上有较多的微表情知识。它的眼睛向上抬、往斜上方看,因此暗示着一种欺骗,见图4.9。

匹诺曹表情　　　　眼睛向上抬的表情

图 4.9　表示撒谎与欺骗的表情

总结一下,面部表情的语义学可能是在整个通用性标尺上最好定位的意义体系,因为它跟微表情及基本情绪保持一致。这也是面部表情作为核心表情一部分的主要标准。但是尽管如此,隐含义仍不能从表情用途中被完全抹除。

特有的隐喻性

The Semiotics
of Emoji

占领世界的
表情包:
一种风靡全
球的新型社
交方式

098

所有表情符号基本都是"隐喻性的图片"。根据目前认知科学的理解,隐喻不仅是简单的修辞手段,还是一个概念性过程——不同领域的知识交融混合,生产出聚合多种指示义的新式含义,并最终体现在一个图示中。所以,从认知或神经科学的角度,表情符号可以用混合物来形容。基于这个原因,我们应该暂时偏离主题,了解一下混合理论。

混合理论是由乔治·拉克奥夫(George Lakoff)、拉斐·努涅兹(Rafel Núñez)、吉尔·弗考尼尔(Gilles Fauconnier)及马克·特纳(Mark Turner)创建的。拉克奥夫最先提出了概念隐喻理论(conceptual metaphor theory),他最早在1980年与哲学家马克·特纳共同编著的经典书籍《我们赖以生存的隐喻》中提出了这个理论。这本书描述了大脑生成并理解语言的具体模型。书中详细描述了大脑通过联想处理修辞现象的一系列过程,解释了大脑是如何把亲身体验转化成带有明显修辞结构的抽象概念象征(token)的。所以,一个简单的隐喻性表达,比如"那个语言学家是条蛇"就是一种混合物的象征,它把人和动物从认知上联系起来,换句话说,人就是动物。人是始源域,动物是目标域。"那个语言学家是条蛇"是常见的语言隐喻,而"人是动物"则是概念隐喻。

概念隐喻可以用无数个隐喻句表达,比如"我朋友是大猩猩""她是只鹰""你哥哥是松鼠"等。有意思的是,每种隐喻都刻画出性格中不同的"隐含形象",也就意味着语言隐喻是从更普遍的概念性混合中衍生出来的。从所有动物中选择蛇就制造出一个基本的个性概念。但是,如果我们想细化隐含形象,就要有针对性地瞄准性格中的具体细节,然后从细节中提取隐喻性概念:

(1)他是眼镜蛇;

(2)她是毒蛇;

(3)你朋友是条蟒蛇。

因此,我们才能通过每种蛇带来的不同感受,调整对于个性的描述。这意味着概念隐喻中的"域"正是感受形成过程中的产物。目标域(性格)暗指一种具体的始源域(动物),进而暗示某种子域(动物种类),再指向更细分的子域(蛇的种类)等等。隐喻中的域还是由人类精神活动控制,通过人的感官感受建立联系,它们是"精致的混合"。无须赘言,人们应该能轻松地明白混合理论在表情符号的应用中是怎样体现出来的。如果使用者想要用蛇来打比方，就会直接使用常见的蛇的表情符号，见图 4.10。

图 4.10　蛇的表情

The Semiotics
of Emoji

占领世界的
表情包：
一种风靡全
球的新型社
交方式

100

但是，如研究对象所说，如果他们想表达更确切的隐含意义，就会在表情应用程序或网站上找不同种类的蛇。如果找不到，则会用文字描述出来再配上蛇的表情，表达眼镜蛇、毒蛇等具体意思。

从 20 世纪 80 年代起，概念隐喻理论带来的大量重要且确凿的研究发现，为混合理论打下了坚实的经验基础。正如拉克奥夫和努涅兹在 2000 年所说，混合现象不只是语言的特性，而是各种认知形式的属性。虽然这个说法听上去有些牵强，但当我们意识到语言和其他体系（例如数学）从认知上是彼此相连的时候，就不难理解其中的道理了。

表情符号的创始人栗田穰崇从用天气预报和漫画中获得灵感，他注意到了天气预报是用符号代表不同的天气情况，漫画中各种常见符号被用来表达情绪，比如灯泡象征着灵感。我们可以从表情符号的创

造中感受到混合的过程以及混合带来的具有多重隐
含意义的视觉图形聚合形式(也就是上文所说的近义
词效应)。事实上,混合可以用来形容面部或图形特
点生成含义的方式。我们来看图 4.11 中的两个表情。

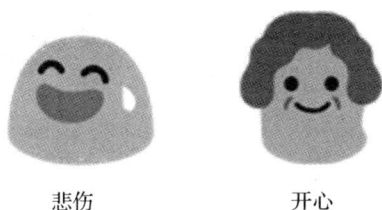

悲伤　　　　　　　　开心

图 4.11　悲伤与开心的表情

　　左边的表情符号由多个混合元素组成——下垂
的眉毛、张开的嘴(浅橙色)以及眼泪;而右边的表情
体现了另一套混合元素——微笑、直视的眼睛(注
视)、嘴角旁的皱纹以及女士发型。这些特征聚合在
一起就体现出每个表情的意义。当然,具体的含义
是由表情创作公司定义或混合而成的。如上文提
到,这是表情符号语义学的重要组成部分。混合的
过程建立在相对通行的一般模型上。在应用到苹果
手机、安卓系统以及类似应用程序中之后,表情符号
积累了许多意料之外的含义,因为不同文化左右着混
合的过程。另外,表情符号的外形并不是固定的,在
不同平台或设备上有不同形状,这一点与字体相同。
比如,苹果彩色表情符号字体(Apple Color Emoji
Typeface)仅适用于苹果设备。不同的技术公司开发

101

出了各自的表情字体，其中有些是开源的，可以被重复使用。举例来说，蛇的表情符号在不同应用程序或平台上就有图 4.12 中的几种形式。

苹果移动设备操作系统　　旧版安卓系统

新版安卓系统　　　　　推特

图 4.12　蛇在不同应用系统中的形态

设备或平台不同，蛇的表情形式也不同。由此可见，混合体现在两个层面：微观上，构成图像的能指结构本身就是混合而成的；宏观上，不同部分以混合的方式搭配组合，输出与图像相关的隐喻义。图 4.13 的表情符号清楚地显示出这两层混合现象。

啤酒　　　酷　　　　OK　　　　炸弹

图 4.13　两层混合现象

The Semiotics
of Emoji

占领世界的
表情包：
一种风靡全
球的新型社
交方式

102

从微观层面来看,这四个基本上是语素文字,直接用图像代表文字。但从宏观层面来说,它们各自蕴含着隐喻义。最左边的"啤酒"图像描绘了西方文化中典型的啤酒杯以及溢出来的啤酒沫,表达出一种"愉快"或"享受"的感觉。混合作用中的一些元素是共通的,比如啤酒的颜色;但也有一些元素代表次要意义,需要有饮酒文化的背景知识才能理解。在其他三个表情符号中,也能看到带有文化特色的宏观混合作用:酷=拉长的字母+天蓝色的配色+正方形的轮廓;OK=代表同意或接受的手势+体现愉悦感的圆润形状;炸弹=灾难性的爆炸+深色的炸弹。总之,这些表情通过组成部分的混合搭配体现了不同的含义。

心形的表情符号代表爱意,比如情人节卡片中常用的那些。图 4.14 中的短信里穿插着许多心形表情,增强了表达爱意的内容效果。

心形表情是来自文化混合的非文字隐喻——心形与浪漫和爱意相连。拉克奥夫十分了解象征性语言与富有表现力的文化形式之间存在紧密联系,他曾写道:"隐喻也能以相对含蓄的形式展现出来,比如物理现象、社会架构、社交实践、法律、外交政策、交谈形式及历史记载等。"(Lakoff,2012:163—164)

嗨嗨嗨我今天要去尼亚加拉大瀑布啦，之后可能跟珍妮弗吃晚饭，但还没安排好！哈哈哈黑色星期五太疯狂了！你想去买东西吗？你是怎么打算的？？

我得去图书馆做作业，弄完再说！估计你那会儿已经回来了，到时候想去逛街吗？ 💛 附近有个叫约克黛尔的商场，我们一起去吧 💛

生日快乐呀伊冯
💛💛💛💛💛💛💛💛💛💛 你是我最好的朋友，我真的很爱你，因为你总能让我开心并且一直支持我。我会永远支持你！祝你过一个最棒的生日！我们这周末再一起庆祝吧！真的很爱你！

哈哈哈感动！谢谢你！阿莉西亚也一起来么？

我跟朋友一起去

800

天啊！💛

拜托

一定要来！

图 4.14　心形用于增强表达爱意的效果

The Semiotics of Emoji 😊

占领世界的
表情包：
一种风靡全
球的新型社
交方式

104

　　每个表情符号都是概念隐喻的视觉表现形式，以下面的 14 个表情为例：

　　(1)拥抱脸：象征虚拟拥抱，表达了"爱是一种约束力"的概念隐喻。

图 4.15　拥抱脸

（2）思考脸：象征沉思，形式与某些文化中深思熟虑的微表情相似，暗示了发送者稍后会给对方一个答案。

图 4.16　思考脸

（3）翻白眼：象征傲慢、无聊或恼火，等同于文字中的"呵呵"或同类口头语，表达了"眼神是精神的镜子"的概念隐喻。

图 4.17　翻白眼

（4）拉链嘴：很明显，这个表情等同于"闭嘴"，意思是"别再说话了"。

图 4.18　拉链嘴

(5)戴眼镜的书呆子脸：俚语隐喻，生动地诠释了
"书呆子"的概念，刻画了不谙事故或只会死读书的形
象，龅牙和眼镜是指向此隐含意义的视觉能指。

图 4.19　书呆子脸

The Semiotics of Emoji

占领世界的
表情包：
一种风靡全
球的新型社
交方式

106

(6)稍皱眉头脸：象征一丝悲伤或无望的情绪。

图 4.20　稍皱眉头脸

(7)上下颠倒微笑脸：表达了"我的生活天翻地
覆"的意思，或者生活混乱无序等类似含义。

图 4.21　上下颠倒微笑脸

（8）机器人脸：形象地表现出某人发的信息像机器人一样反反复复且毫无新意，体现了"大脑像台机器"的概念隐喻。

图 4.22　机器人脸

（9）侦探或间谍脸：象征偷偷摸摸、鬼鬼祟祟；帽子和单片眼镜刻画出典型的侦探形象。

107

图 4.23　侦探或间谍脸

（10）正在讲话的人头剪影：常用于鼓励某人说出想法或参加游行集会。

图 4.24　正在讲话的人的剪影

(11)山羊角手势或摇滚手势：这个符号的释义取决于具体文化，既用在流行文化中表示"向摇滚致敬"，又被一些地中海国家用来代表对丈夫不忠的妻子。

The Semiotics
of Emoji

占领世界的
表情包：
一种风靡全
球的新型社
交方式

108

图 4.25　山羊角手势或摇滚手势

(12)中指与无名指分开的手势：又称"生生不息，繁荣昌盛"的瓦肯举手礼，在《星际迷航》第二季的第一集中首次出现，扮演斯波克船长的演员伦纳德·尼莫伊(Leonard Nimoy)让它流行起来。这个手势最初受到了希伯来语中表示神父的"教士"(kohanim)一词的启发，他们一般在祷告中举起手来，并摆出代表希伯来字母"shin"的手势。

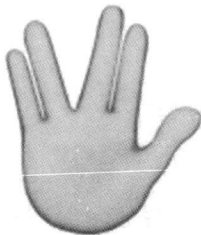

图 4.26　中指与无名指分开的手势

(13)戴墨镜脸:明显体现出"酷"的隐含意义。这个象征含义有比较长的历史,因为与主题无关,所以我们就不展开讨论了。

图 4.27　戴墨镜脸

(14)狮子脸:这个狮子脸的表情有些羞涩,把狮子给人们留下的凶猛印象,转化成表情符号具有的友好属性。

图 4.28　狮子脸

早期的视觉隐喻类型框架由桑泰利亚·布拉加(Santaella-Braga,1988)完成,间接以 M 小组(1970)的研究作为基础——M 小组是由对符号修辞结构有兴趣的学者及科学家组成的研究小组。视觉隐喻的作

用极其强大，它们既可以用作单一表情符号增强句
义，又可以用来打造新的视觉含义。

图像的力量

事实上，人们常说的"图片很强大"以及"一图胜
千言"有助于我们总结表情符号的意义框架，理解为
什么表情符号成了现代不可或缺的非正式写作模态。
在托德·吉特林（Todd Gitlin）2001 年所著的《无尽的
媒体：洪流般的图像和声音是如何冲击我们的生活
的？》(*Media Unlimited：How the Torrent of Images
and Sounds Overwhelms Our Lives*？)一书中，他谴责
了现代媒体常常充斥着一连串的视觉图像，冲刷读
者认知，影响人们独立思考，左右大众的世界观和生
活方式。他指出，"图像描绘或反复呈现非现实的现
实"(Gitlin,2001:22)，我们明知两者的区别，但还是
更倾向于选择虚拟而非现实；让·鲍德里亚（Jean
Baudrillard,1983）把现实与图像之间的模糊界线称
为类像效应(simulacrum effect)。但图像给文字带来
的巨大影响其实是书写系统起源的另一种完美说法，
而不只是现代技术的产物。无论何时何地，世界上任
何一种文化都有视觉书写传统及习俗。这足以证明
对于人类理解来说，视觉思考与文字认知同等重要，
甚至比文字认知更加关键。的确如吉特林所言，我们

*The Semiotics
of Emoji*

占领世界的
表情包：
一种风靡全
球的新型社
交方式

110

生活在视觉文化之中,图像比口语表达更占优势。但这种观点过于笼统,因为人类的文化生活总有不同程度的视觉成分,真正的问题是以视觉为主的沟通压碎了视觉与非视觉成分的平衡。

虽然字母文字也使用了视觉图形元素,比如标点符号,但这其实是文字文本的劣势,因为在大多数情况下,人们需要根据具体的语气或想表达的意思排列

图 4.29　最后的审判(1440 年前后)

符号,同时还要面临原意被误解的风险。相比之下,表情符号能克服语音文字的不足,强大而有效。然而,书写中的视觉元素并不只是现代数字世界的发明,它可以追溯到中世纪和文艺复兴时期的写作实践,那时候的手稿中常配有各类插图——既能解释概念,又能像表情符号一样增强意义。

尽管听起来有些不够真实,但表情符号似乎延续了中世纪抄写员的写作习惯。这两者间当然有许多不同之处(我们在此就不展开讨论了),但它们的意图却很相似,都是运用视觉形式使文本具有更强的情感效果。索绪尔也意识到了这一点,他曾写道:"人们也有可能只选择使用手势或已有的视觉符号,而不选表音符号。"

图形文字(例如表形文字、表意文字等)通常被视为人类文明的基础;与口述不同,它率先以书写的形式把知识传递给后代,体现出知识的延续性。另外,图形文字也有可能是唤起大笑、嘲笑和讽刺的最早形式。古时候公共广场墙上的涂鸦中,不管是政治性极强的宣传还是粗俗鄙陋的消息,都用视觉元素作为辅助。事实上,许多历史语言学家都用涂鸦重塑语言以及所用语言反映出的时代文化。文字及视觉的混合语言形式是普遍规律,并非例外,所以,表情符号的兴起也有可能源自书写风格的混合属性,对此我们将在最后一章中详细讨论。

Emoji Grammar

第五章
表情符号也有语法

与一切形而上学的事物相同，语言的语法体现了思想与现实的和谐。

——路德维希·维特根斯坦（*1889—1951*）

在第三章中，讲述出生故事的短信要求有较高的
表情符号能力才能破解，因为我们既要明白单个表情
的同义词效应，又要推断串在一起的表情结构体的含
义。换句话说，除了表情符号的语义学知识外，表情
符号的语言能力也包括了表情的语法结构知识，即规
定表情符号在结构体中组合排序的规则及实践。

跟任何自然语言的语法体系一样，表情符号在文
本中的分布以及它的词句结构都已自成体系，否则，
我们根本无法阅读表情符号文本。某些情况下，当表
情符号发挥附属性的作用时，我们可以较快理解它的
含义，比如放在消息末尾的微笑脸可以代替句号，以

友好的问候结束对话（我们已讨论过具体语义及交流方面的原因）。也就是说，表情符号的语法通常指的是基于借译词的"位置语法"，即在文本中的具体位置用表情代替文字的融合方法。然而，在某些文本中，表情符号的排序及构成由概念性的信息决定，而非严格的语法规则。这类情况体现了图形概念性的语法。其实，在讲出生故事的短信中，很大一部分内容应用了这种语法结构，以概念性的表形方式排列表情，讲述故事。在一部分使用了表情符号的文本中，借译及概念化的现象经常有所重叠。重点是表情符号的语法不是自然语言语法在视觉符号中的翻版，它有自己的"句法规则"，即制造连贯且有意义的表情序列及搭配的方法体系。

The Semiotics of Emoji

占领世界的
表情包：
一种风靡全
球的新型社
交方式

116

本章的目的是剖析表情符号的语法特点。语法、语义与下一章要介绍的语用构成了表情符号的语言能力。和自然语言一样，这三个分支的表情符号知识能让使用者更贴近文本的认知流，从而形成对文本的观点或理解其中的含义。

借译

为了了解借译的含义，我们可以先看看手机游戏"猜表情"（Guess the Emoji）。这款游戏呈现出一串串能被翻译成流行歌曲歌词、名言、谚语等文字的表情符号，以趣味性的方式测试人们的表情能力。由此可见，表情符号的翻译体现了借译的手法，即把表情符号放置到词语形式的句法结构中。研究小组成员在"猜表情"的游戏官网上找到了图 5.1 中的 3 个例子，它们分别用表情符号代表了：(1)一首著名美国歌曲的歌名《雨中曲》(*Singing in the Rain*)；(2)一种美体疗法(比基尼蜜蜡除毛)；(3)一种服装款式(弹壳式比基尼)。

《雨中曲》(*Singing in the Rain*)

117

比基尼蜜蜡除毛

弹壳式比基尼

图 5.1 "猜表情"游戏的 3 个例子

第一个表情中,麦克风的表情代表"歌唱"(singing),雨中撑伞的表情代表"雨中";第二个表情中,比基尼的表情被放置在词语"比基尼"应当出现的位置,痛苦脸的表情是词语"蜜蜡除毛"的概念化诠释,点明了人对于蜜蜡除毛的反应,而不是解释词语的字面意思;第三个表情中,代表炸弹、贝壳和比基尼的表情完全按照词语"弹壳比基尼"的顺序依次排列,体现了源语的句法结构。三个例子中都有概念化的成分,因为其中映射的关系并不是以表情符号代替文字,而是用图形概念代替文字。所以,借译不单单体现在词汇上,还涉及概念及修辞。

更准确地说,借译等同于音译(transliteral),把可以用口头语言表达的词语转化成以图形概念体系为基础的表情符号(图形词语)。了解表情符号体系的读者就可以重新构造原词,但没有表情知识的人就很难做到这一点。另外,如上文中提到的,表情符号在典型的非正式信息中的使用也体现了借译。这时的借译体现出同义词效应,比修辞性的音译更具替代性和语义性。这类借译通常出现在一条信息或一个观点的结尾。如我们之前看到的,这种借译相当于富有情感的标点符号,能够让整条信息的语气和效果更加积极向上。

显然,即使我们只是粗略了解了表情在文本中的应用,都能明白其中涉及一套完整的知识体系。完全

The Semiotics
of Emoji

占领世界的
表情包:
一种风靡全
球的新型社
交方式

118

用表情构成的词语或句子比音译更依赖这套体系。字符串或结构体中的表情语法包含借译及概念化两个方面,这样表情符号才能以符合符号逻辑的顺序呈现出来。但这并不意味着文字语言的语法结构被完全消除了;相反,它与表情符号图形概念性的语法合二为一,相辅相成。

概念化

表情符号不断出现在市场推广、品牌宣传、政治选举、大众文化等领域,这样做不失为一种与年轻一代保持交流、了解通信平台上最新资讯的有效策略。因此,只用表情符号发短信变得越来越流行,表情语法作为一种"第二语言语法"也得到了持续关注。就像学习第二语言要求沉浸在相应的语言环境中,多在对话中使用表情才能掌握表情符号的语法。随着表情短信在全社会的不断普及,表情语法同样也在扩大并发展其概念性结构。其中一个典型例子是 2014 年善待动物组织(People for the Ethical Treatment of Animals)在移动平台上发起的推广活动,呼吁全社会采取措施反对动物虐待。活动的主题名称格外恰当,叫作"超越语言"——可以用来泛指表情符号的使用。活动以完全用表情编写的信息为主,参与者将心形表情发送给善待动物组织,接收活动提醒,并

参与推特上的互动。图 5.2 是来自这个活动的一条
原文信息。

图 5.2　善待动物组织的表情活动

The Semiotics
of Emoji

占领世界的
表情包：
一种风靡全
球的新型社
交方式

120

　　这条信息呼吁年轻女性（最左边的表情）重新审
视（云形表情）自己想买的东西（裙子、鞋、钱包、口红、
靴子的表情），虽然商品能让她变成"公主"（最右的表
情），但它们都属于动物性产品，而动物仅因为人类的
休闲生活就失去了生命。这些含义没有通过语言直
接表达出来，但是了解表情语法以及相关领域知识
（动物维权）的人一定能明白信息的意思。

　　读懂这条消息不仅需要表情符号的语义知识，更
要求我们了解表情的搭配和呈现形式以及每个表情
在概念上的种种联系。同时，这就提出了几个围绕着
文本形式与消息本身的关系的问题。首先，理解类似
的概念性文本需要参考较多的背景知识并拥有某种
具体的思维模式。其实，并不是所有人在看到这条消
息后都会把商品与动物杀戮联系起来，这条消息也没

有考虑到全世界的人都在购买这类商品。也就是说，这条消息的目标语境主要是西方都市文化及其不计后果的物质主义行为。更具体地来说，消息似乎针对一个具体人群——年轻的英美欧白人女性。正如一些针对此活动的批评家指出的，这是一种十分刻板的女性形象，仅限于商业文化中。

从不同文化角度理解上述信息会引发一些问题，而这些问题势必将削弱信息的影响力。如果回归本章节的目的，暂时不谈信息引起的争议，我们可以看到整条信息都由表情符号组成，并且没有受到字母文本结构的影响，因为表情符号的语法体系足以支撑展现相关概念及背景知识，不依赖自然语言的内在句法规则阐述想法。也就是说，表情符号的语法不受制于英语或其他欧洲语言的句法规则；相反，它有自己的"图形化概念"结构，和象形文字一样，可以直接通过图形展现形式与所指之间的关系。代表公主的表情符号是最后一个语意单元，也是整条信息的终结点。信息以一个年轻女性的形象开始，接着陈列出不同商品，最后直接以女性成为公主的隐喻收尾。商品是有意随机排列的，暗示着"无论你最在意哪些东西，它们都是用动物尸体做成的"的潜台词。这条信息中的图形概念语法遵循了三个主要部分依次排序的规则，很像大部分英语及欧洲语言句子中的主谓宾（SVO）句法结构：

（1）年轻女性想着或希望购物＝句子主语；

（2）让人变美的各种商品＝购买商品的动作；

（3）成为"公主"＝句子宾语；

因此，尽管用表情构成的句子具有概念性，但我们仍能从中找到基本句法规则的痕迹——从左到右的排列形式与英语句法一致。第一层意思放在信息的最左边，即陈述句最典型的主语位置，象征着施受关系的展开；显然，如果我们调换第一个和最后一个表情的位置，整个意思会变得不协调、不平衡。一些认知语言学家认为，这种概念性结构是所有语言的共性。兰盖克总结了如下观点："语言表达及语法结构体现了常见的意象，意象反过来也是构成其语义价值的重要方面。在选择具体表达或结构时，讲述者以某种形式构建脑海中的情景，即在若干选项中选择一个特定的图像，组织整理出其概念性的内容，以满足表达的目的。"

兰盖克甚至坚持认为所有词类皆源自于词语的意象内容，这种属性并不明显，因为我们的书写形式基于词语的语音，而非概念。比如，名词就是大脑空间中某个区域（region）的意象图式（image schema）的编码。像树叶这样的可数名词在我们脑海中就指向某个有界限的区域，而包括水在内的集合名词则指向无界限的区域。但是，不同的意象图式结构会导致不同的语法形式，因为有界限的所指对象可数，比如树

The Semiotics of Emoji

占领世界的
表情包：
一种风靡全
球的新型社
交方式

122

叶（leaf）就有相应的复数形式（leaves），但水却没有——除非水用作比喻义则有复数形式，比如"巴比伦水域"（waters of Babylon）。相比之下，表情符号的语法能使这些图像概念单位更自由地表达出来。只要简单地重复选择相同的图像，即使从语法角度行不通，但概念上的复数形式就能被表达出来。比如，英语的语法规则不允许单词 happiness（幸福）有复数形式，但在表情符号的使用中经常出现其复数形式，如图 5.3 中用在句子"一个女仆，一个管家，一个厨师，还有一个园艺工"后面的几个笑脸表情。这种重复的用

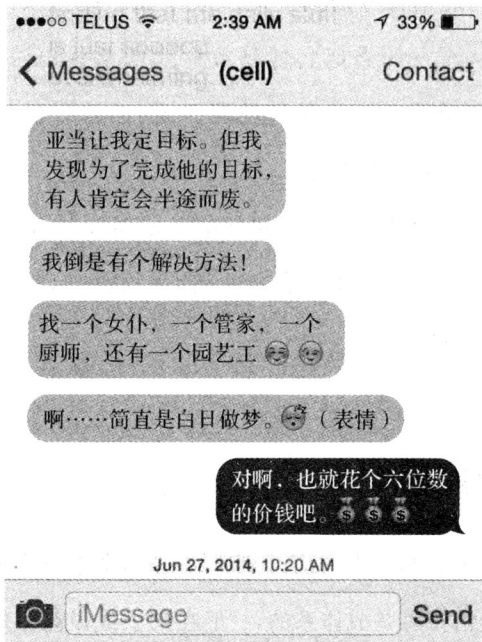

图 5.3　重复图形表达复数含义

法不仅象征着发送者格外开心的心情,而且从功能上也与文字语言的复数形式相同。

三个钱袋的表情符号可以被理解成概念性的复数结构,即重复使用了多个"钱袋"符号;同时,它还体现了语言学家所说的首语重复功能(anaphoric function)指代前文中提到的内容,以感性的方式强调了请一个女仆、厨师、园艺工要花许多钱。自然语言中的单一字母或语法形式基本无法捕捉这些含义,就连词语或句子也很难以强调的语气表达原意。值得注意的是,研究小组分析的 323 条短信及其他线上信息显示,表情符号语法正在发展其独特的句法形式和标志,从而发挥类似名词复数形式的常见语法功能。总之,借译词通过音译表现具体语言形式,概念性语法将传统句子结构(比如主谓宾结构)重塑成概念集合;这促使表情符号的使用者根据概念性质组织文本,而产出的文本还是会与使用者所用的自然语言语法保持一致。

句法学

如果总结一下前面讨论过的内容,文本里穿插的附属性表情符号是成体系的,一般在句子或段落中的某些节点出现,表达感性、寒暄或抒情的含义。在替代性文本中,表情符号包含的概念会影响整个文本的含义。这

The Semiotics of Emoji

占领世界的
表情包:
一种风靡全
球的新型社
交方式

124

时会出现语法中的借译现象,即表情符号遵循相应的文字文本,按照相同的文本排列表达原意。不管是哪类文本,它们都会被放置在通常由具体词语、标点或词类填充的位置上。这样看来,表情符号反映出一种内在的"句法倾向",即表情含义及句子语法左右着它们在文本中的分配。查尔斯·莫里斯提出了句法学(syntactics)的概念,用来形容文本中不同形式的分布倾向。我们在此援引这个概念,因为它暗示了某些结构的含义是由它与文本中其他结构的相互关系决定的。

为了理解句法学的具体含义,我们来分析图5.4中这条由研究对象提供的短信。

哈哈

我知道

说实话我不关心

只是不想惹麻烦

因为如果她再冲我喊我肯定会反击

那我要让她再冲你喊　这样你就会反击了

😂😂😂😂😂😂😂😂

DEAL WITH IT

哈哈好那你得先去躲好了

笑死我了

图5.4 表情符号的句法倾向

The Semiotics
of Emoji

占领世界的
表情包：
一种风靡全
球的新型社
交方式

126

这条短信包含了一个 GIF 动图，图中的办公室员工遭遇的一些问题——GIF 动图指的是可以附加到信息中的动态片段。吐舌头的笑脸表情为了表示强调被重复使用了八次，用在句子"我要让她再冲你喊这样你就会反击了"之后，代替常用的句号，增添幽默成分，试图让对方在这种语境下发笑。如果这些表情用在句子前，就不会达到现在的效果，因为表情先于用文字表述的想法出现不符合逻辑。换句话说，英语句法规则与表情符号的概念性句法之间存在一种动态的互动关系，即后者与前者保持一致，从而表达出信息的认知含义。任何形式的字母语言书写实践不可能存在这种类似的句法构成。如果像在科学论文中那样使用图像或图表，表达目的就变成了解释或阐释。当然，像表格、图表、模型等的视觉辅助形式是科学论文等正式写作的必要组成部分，但它们都不是借译词或句法层面的概念化。但这些形式也会出现在某些"想法节点"上，不仅可以表明或总结某个理论或实验发现，还可能会带来新的灵感。所以，尽管这两种写作形式看上去不同，但它们之间还是存在一些联系。它们都体现了本书中所说的混合写作风格。

如图 5.5 中另一名研究对象提供的短信所示，表情符号与句法结构的相互作用展现出一种十分有效的书写策略。读懂这条短信需要有混合的理解能力，类似猜测用图片和词语组成的图形字谜。

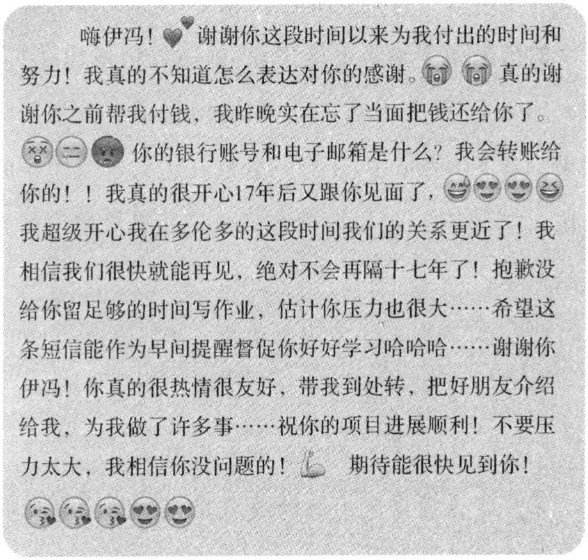

图 5.5　表情符号与句法结构的相互作用

　　事实上,看懂这条短信跟破解图形字谜差不多,
因为我们需要试着理解视觉图像是与哪部分文字文
本相互作用并且表达意思的。打招呼之后的两个心
形表情能让读者明白整条信息的基调或潜在情绪,
因为它们代表着爱意、感激和甜蜜。这是一个视觉
形式的感叹节点,不仅加强了"嗨依冯"的问好,还增
添了一种表示喜欢的细腻情感。研究小组发现,在
打招呼之后使用表情符号在被分析的短信中十分常
见。表情与打招呼的搭配组合似乎可以表明,表情
不仅能加强打招呼的语气,而且能展现友好且亲密
的关系。

接收者通过两个流泪的表情,可以体会到发送者对她的慷慨大方表示感谢的激动心情。这时,表情与文字的搭配属于语义上的借译,因为表情紧跟在"真的太感谢了"语言表达之后,瞬间增强了感激之情的效果。剩下的表情中,还有三处放在了句子或短语的末尾,结束每句话的主要内容。这三处表情使用都属于结构体:

(1)双眼画叉脸+双眼直线脸+愤怒脸;

(2)流汗脸+红心眼表情+讽刺的咧嘴笑脸;

(3)三个亲吻脸+两个红心眼表情;

第一组表情搭配出现的节点是作者想强调她粗心地忘记还朋友钱。从左边的双眼画叉脸、双眼直线脸最后到愤怒脸体现了情绪不断升级,表达了作者非常埋怨或不满意自己没有按时还钱。双眼画叉脸是情绪阶梯的起点,暗示着作者不清楚她怎么会忘记还钱的事情;双眼直线脸说明她后悔当天没付钱就离开了;愤怒脸是情绪阶梯的最高一级,表示她感到生气,因为忘记还朋友钱或朋友没提醒她还钱。第二组表情出现在作者回忆起她与对方失联了十七年的后面,用来强调友情的重要性:流汗脸似乎体现了作者重拾这段友情的强烈感受;两个红心眼的表情表明了这段友谊给她带来的十足幸福感;咧嘴笑的表情代表了作者意识到距上次见面已经过去很长时间,觉得十分不可思议。第三组表情是整条短信

The Semiotics of Emoji

占领世界的
表情包:
一种风靡全
球的新型社
交方式

128

的结尾,也是总结性的结构体,再次体现了作者与对方的深厚友情。最后,"强壮手臂"的表情放在最后一句话的前面,与第三组表情相互呼应,双双显示出友谊的重要性。

所有使用了表情符号的文本都能体现出上面讲到的概念性句法。在本书研究过的其余322条短信中,我们也发现了同类的表情分布现象。表情符号的功能主要分为以下三类:(1)表示句法结构,放在标点符号或寒暄用语该出现的位置;(2)表示具体语义,放在句中某个位置代表此处出现某种情绪;(3)表示加强效果,用表情形式重复或加强部分文字含义。所以,表情符号的语法是由言语含义决定的,而不是单纯的文本含义。表5-1总结了短信中不同表情功能出现的次数。表中的数字指的是每种功能实际出现的次数,不是短信的条数。也就是说,如果第一条短信中出现了5次表示句法结构的表情符号、第二条短信中有6次,那么加在一起就是所有此类表情的次数(5+6=11次)。表示具体语义与加强效果的表情也是用同种方法计算的。此外,鉴定某个表情属于表句法还是表语义完全基于实践经验。如上文所讲,表情符号的功能有许多重叠之处。为了清晰地表明观点,我们约定:放在语言结构开头或末尾的表情表示句法,一般是用来代替标点符号;穿插在信息内、放在任何词语或短句旁用来解释含义的表情表示语义;图解或增强某些文字含义的表情表示加强效果。

表 5-1　短信中不同表情功能出现的次数

句法结构	具体语义	加强效果
1615	1938	878

The Semiotics
of Emoji

占领世界的
表情包：
一种风靡全
球的新型社
交方式

130

　　表情语法的概念性图示句法学一定程度上符合视觉书写与思考的一般理论。但是,因为表情符号源自数字平台,所以它们与其他视觉句法体系不同,我们最后一章还将继续探讨这个问题。现在的问题是:同样的语法规则是否适用于全部用表情组成的文本呢? 如我们之前看到的,善待动物组织的推广活动文案的确展现了概念性语法结构,它的文本样式符合句子及概念两种构成语法。全部用表情符号写成的文本中最有趣的例子之一来自华人艺术家徐冰2014 年出版的著作《地书:从点到点》(*Book from the Ground : From Point to Point*)。图 5.6 中摘录的就是完全用表情符号组成的信息。

　　显然,这种文本要求读者有很高的表情符号能力,通晓表情语法的语义、句法、加强、概念等各方各面,并且有能力将它们彼此关联,从而明白视觉符号代表的直接义或隐含义。把它翻译成自然语言,比如英文,有可能引起争议,因为翻译的版本只能代表个人对这些符号的理解,不能构成确凿的翻译。表情符

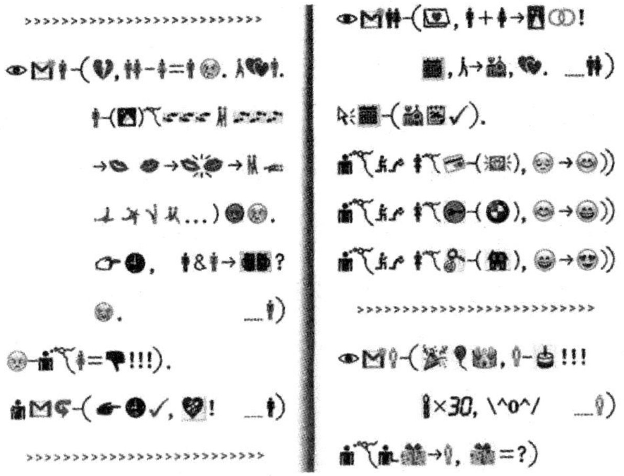

图 5.6　完全用表情符号组成的信息

号现象首先说明，视觉符号及音节文字正在彼此结合，生成一门混合语言，因此，至少从表面上看起来，书面形式的人类交流在世界范围内体现出越来越强的混合性。换句话说，我们开始觉得传统的语言及文字形式已经不足以表达我们的想法了。

131

画谜式的书写

　　显然，破解上文中提到的徐冰的作品就是在解画谜。解谜本身并不是我们关注的重点，但其中有几个特点也值得我们关注。首先，文本的开头和结尾都有一串人字形箭头，好似计算机文本中的分节符一样。此外，文本中通篇可见常用的标点符号（包括逗号、句号、感叹号等）及数字符号。这些符号的使用也类似于计算机文本，例如在具体位置发挥具体功能的 HTML 脚本。实际上，这种类型的信息很好地融合了不同文本、符号及多种视觉表现形式。援引科恩描述漫画书写风格的名词的话，这是一种基于"结合模式"的写作形式。最主要的还是它类似于可破解的画谜。

画谜式书写预示表情式书写的到来，它是从远古时代流传下来的一种混合文本，但人们并不清楚它最早出现的时间、地点及原因。刻有著名人物及城市的硬币在古希腊及罗马十分常见。中世纪时，画谜常被用在纹章上编刻箴言。在文艺复兴时期的意大利，教宗保罗三世用画谜教授书写。在 17 世纪早期，法国皮亚西地区的祭司把画谜印在他们为复活节狂欢准备的小册子上，这样不识字的群众也能理解一部分内容。因此，画谜在欧洲逐渐流行起来，以至于英国剧作家及诗人本·约翰逊（Ben Jonson）在他的剧本《炼金士》（*The Alchemist*）对此进行了尖刻的讽刺。画谜卡在 1789 年首次出现。对这段历史的快速回顾主要是想强调画谜曾是普及字母文字以及传授读写能力的策略之一。全世界不太可能以一种一致的方式破译表情符号构成的文本。就算对于一群有相同语言及文化背景的人来说，表情符号文本都有其特殊性，需要读者了解语境，才能参透其中的含义。画谜形式的书写似乎不能被轻易破解。图 5.7 中的德语手稿可以追溯到 1620 年。

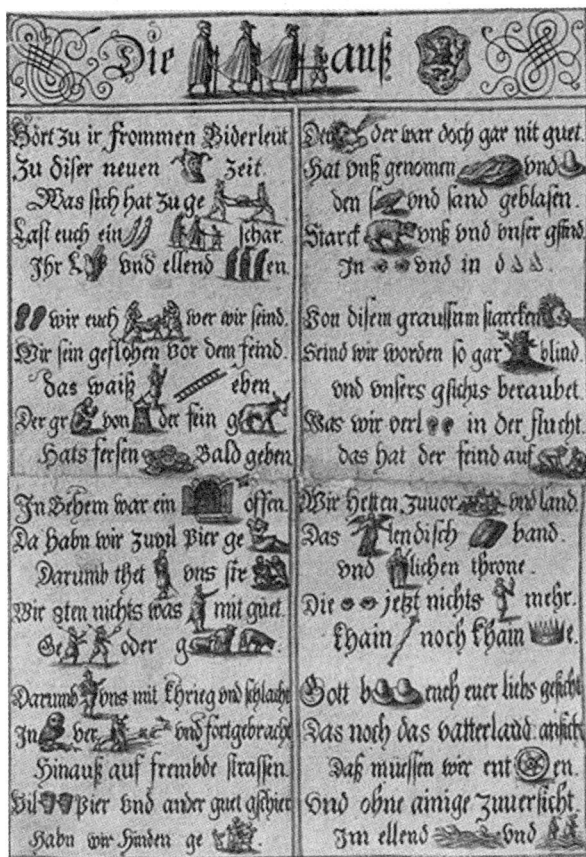

图 5.7　德语画谜手稿

　　仔细读一下图中的文本就会发现，图像在画谜与表情混合文本中的用法是一致的。从前，画谜式写作常用来表达喜剧或讽刺效果，但官方断定它有破坏性，所以取缔了许多画谜文本。

The Semiotics of Emoji

占领世界的
表情包：
一种风靡全
球的新型社
交方式

134

引自徐冰著作的样本表明，完全用表情符号构成的文本需要许多时间和精力才能解码，就像破解很复杂的画谜谜题一样。文本中有许多视觉噪音——这里的"噪音"既指传达信息过程中阻碍信息传递的任何交流性原因，又指人们觉得某事令人十分费解的心理感知。本书分析的323条短信不包括只用表情编写的文本。某位研究对象说："只用表情组成的短信读写起来都很难，不过确实挺有意思的。"

另一方面，表情的专属或统一用法也有可能逐渐普及。现在网上有大量针对表情符号的项目，如果最终可以实现，那么人类的交流范式将出现巨大转变，因为人们需要掌握囊括表情语法的新读写能力。然而，考虑到高强度的视觉噪音会始终存在并且不会随着熟悉感的增加而消失，这种转变应该不会发生，也不符合人们的期待；否则每个文本都会变成一个画谜，要求人们花许多时间和精力才能破解。研究小组中，年轻人之间的书面交流主要以微型对话为主，对话中的表情符号也基本上用来补充说明信息所包含的意思。

当然，正如我们最后一章要讨论到的，视觉交流还是具有许多优点的，因此会继续推动表情符号的发展和普及。其优点之一就是表情符号可以避免阅读障碍。表形及表意的语言文化中基本没有体现诵读障碍（例如中文），它主要存在于字母语言文化中。无论出于什么神经科学方面的原因，表情符号明显可以发挥其强大的表现能力，在字母文字的线性特点下，抑制潜在的诵读难度。表情符号也可能正在影响大脑处理文本信息的方式。正如巴特和莱弗斯所说，早在表情符号出现之前，视觉书写就"有望在形式与含义之间创造出可以超越以往文字、联结图像与文字的符号学关系"。

也许将字母文本与表情符号结合起来生成一种混合符码是一个逐渐发展的过程，发展程度可能会超过非正式文本中的情境化。但是，正如我们在上述文本中看到的，表情符号不会扰乱语言文字的句法，换句话说，文字部分的句法形态保持不变，穿插其中的表情符号只会增强它的表达效果。总之，发展中的混合书写系统凸显了书写对于人类文化的重要性。这样的书写系统的基础是画谜式写作。事实上，字母文字也在不自知地践行这个原则。比如，"箭头"的图示也可以代表"生活"，因为在苏米尔语中这两个概念是一个词。但这个词语的发音从第一个音节开始就与原意毫不相关，并且被规定成一个可以被重复使用的发音单位（音素）。如果箭头的标志可以代表"箭头"和"生活"，因为两个词的发音相同，那么无论它出现在哪里、具体意思是什么，为什么不用箭头的标志代替发音呢？苏美尔语主要是由一个音节的单词组成的，所以对于苏美尔人来说，整理一套100个左右的音

135

节符号并非难事。混合性表情符号书写系统有可能是画谜原则的体现。破解包含表情符号或由表情构成的文本需要理解图形概念以及图形与文字之间的关系。

本章讨论表示，表情符号并不缺乏句法结构。事实上，无论是通过借译词还是一系列符合语言语法的句法安排，表情符号都有可能影响语言本身，促使人们进行意象性或概念性的思考，而不只是遵从句子结构的线性流动。此外，表情的具体应用也受到其各种变形的限制，正如只由表情符号组成的短信表明的那样。同样的可变性在表情字符中率先出现，如泰瑞·史诺本伦所言：

　　人们对于眼睛、嘴型、脸部方向、是否标出鼻子等都有不同选择。除了微笑以外，我们可以看一下皱眉和眨眼的表情字符，每一种用法都代表了不同类型、使用不同推文词汇的用户。表情字符不只代表每个人内在的情绪状态。它们本质上极具互动性，把作者和受众聚集在想法周围。既定的表情字符也超出了它所代表的情感立场。比如，表情字符的变形与标准语言的关系也有远有近。对风格、立场、效果、计算机中介传播、变形、语境和情感分析感兴趣的学者可以在表情字符中找到能让他们心满意足的研究领域和内容。

同样类型的分析也适用于表情符号。下面的三种说法来自研究对象,可以完美地概括出来:

(1)我用表情的方法跟其他人一样,但也有不同,因为我愿意以我觉得有用的组合方式、用在我认为重要的位置,我希望朋友能明白我的意思。

(2)大多数情况下我懂表情的意思,但有时候我也得问朋友他们是什么意思。我觉得表情跟语言差不多,我们想怎么用就怎么用。

(3)我用大部分表情的方法跟朋友们一样,但有时候我也会发明自己的用法。但我朋友还是能理解的,因为我觉得他们懂我的思考方式。比起其他东西来,花样用表情会更简单一些。

Emoji
Pragmatics

第六章
表情符号的正确打开方式

我们所知的一切进化皆是从模糊走向清晰的过程。

——查尔斯·桑德尔·皮尔士(1839—1914)

　　表情符号发明者的终极目的是帮助有不同语言
背景的人沟通交流。但是,正如我们看到的,表情符
号并不总能达到这个目的。比如,用黄色作为微笑脸
的底色原本有意消除用黑色或白色可能出现的刻板
印象或狭隘偏袒,但这样做反而妨碍了表情格式的统
一,突出了一些种族和民族特性。表情符号在应用中
面临越来越大的多样化压力,在这种背景下便出现了
一种新的沟通能力,由语言学家戴尔·海姆斯(Dell
Hymes)于1971年首次提出。海姆斯尝试表达的是,
知道如何运用语言与了解所用语言的语法一样,都需
要系统性的知识。如之前提到的,熟练运用表情符号

（或其他任何一种语言符号）应当兼具语言能力及沟通能力。更具体地来说，沟通能力也称为语用能力。

我们详细分析了研究对象提供的 323 条短信，标记出了每条短信的主要语用功能，并总结出了以下两大类：

（1）增强语气。因为文字沟通有可能产生歧义或无法展露情绪或语气，所以表情符号可以充当表达韵律含义的工具。"韵律"（prosodic）一词在这里的意思是"情绪基调"。比如，"对不起，我今天去不了了"相比"对不起（😢）我今天去不了了"效果更弱，情绪更模糊。第一种表达方式有可能被认为漠不关心、表达歉意不真诚，而第二种则不会。

（2）增添积极情绪。所有被分析过的短信都会在重要的思想单位结尾插入表情符号，展现作者的情绪或情感。频繁且连贯的表情使用反映了表情的主要语用功能是为信息增添友好或愉快的情绪。当然，如果发送者需要表达悲伤，那么表情符号也能有效地满足需求。但是，悲伤的情绪也是通过积极的方式展示出来的，因为它是一种对话双方想要分享而非否认的情绪；如果双方有意否认，那么整个沟通方式就会是消极的。

增强语气是最重要的语用功能。正如劳伦·克里斯特所说，表情符号扮演着话语标记的角色，减弱

The Semiotics of Emoji

占领世界的
表情包：
一种风靡全
球的新型社
交方式

142

甚至消灭潜在的误解和威胁。当令人尴尬或有攻击性的内容出现时,表情符号可以增加语言的曲折变化,弱化可能会引起冲突的内容。这刚好解释了为什么微笑脸是最常用的表情。在本书中讨论的 323 条短信中,我们发现了将近 2000 个微笑脸。因为文字信息无法包含生理语气,人们可能会因此认为信息内容是负面的,所以作为话语标记的微笑脸可以传递一种积极的口吻,至少让人觉得冷静且和缓。

本章节将分析表情符号的语用功能,其中的部分内容在前面的章节中已有所涉及,但本章将详细展开分析。正如我们所看到的,随着表情的应用不断普及,表情符号已发展成一个体系;这个体系日趋"自然",人工属性逐渐减少,可以适应不同文化及语用需求。

语用能力

懂得如何有策略地使用表情符号就是语用能力的一种形式,包括知道如何在字母文字和表情符号之间自由切换,以及恰当使用动态表情和 GIF 动图。我们分析过的一些短信中包含了图片格式的微视频片段,直接表达出发送方想传达的感受和细微语气。在某些对话中,尤其是在双方可以预料到对话内容和要旨的时候,他们只来回使用表情符号。有些 GIF 动图会配有字幕,使消息更清晰、幽默。总的来说,表情符号是"情绪增强剂",传达、维系、加强对话双方的情感纽带。一位研究对象说:"只要我用上开心的表情,就能让信息显得开心,就算不是好消息也没关系。这让我觉得我跟对方的关系很近。"

在数字时代,如何有策略地书写已成为引起语言学家和符号学家巨大兴趣的研究课题。比如,佩雷斯·萨巴特研究发现,社交平台脸书上的书写实践与研究对象的短信应用了相似的沟通策略。社会语言学家戴维·克里斯特尔称,两种新型写作方式(在线及离线)建立在具体的媒介场景之上,影响着社会进程的方方面面。比如在校园里,教育者及学生都可以自由选择任意一种交流方式。但是,研究小组发现,老师和学生在互动时并不常用表情符号。一位研究对象说:"我只会给上过许多课后觉得很友好的教授发表情。我绝对不会给我的经济学教授发表情,因为他太严肃了。"

显而易见的是,互联网直接影响了传统的读写教育,包括越来越多的非正式表达、前后不一的写作模式、各式各样的缩写符号。相反,内奥米·巴伦认为,线上的书写实践并没有影响到线下,因为现在这两种方式一分为二,造成了一种新型的双言现象,即非正式的线上书写价值较低,正式的线下书写价值较高。而其他人认为线上语言是一种混合的语言形式,最终

The Semiotics of Emoji

占领世界的
表情包:
一种风靡全
球的新型社
交方式

144

将发展成世界性的混合语,象征着一种新型的读写能力。实际上,因为表情符号是应用在写作中的,所以人们会提升对写作的敏感度,产生一种"元读写"的意识。如之前讨论过的,它构成了一种音节及图形兼有的混合书写形式,效果更加有趣。传统书写是静止的,但混合书写是动态的,无论是词语的拼写形式还是视觉或语音支持,它都更加形象生动。

混合语言能力还暗示着不同的次级读写能力及文本实践的发展,比如"移动设备的语用能力",也即使用移动设备编写短信的能力——相比之下,在推特、Instagram、脸书上书写的受众通常是一群人而不是一个人。所以,混合语言能力取决于媒介。事实上,基于不同媒介的文本题材正在不断涌现,比如短信诗歌及手机小说,读者可以快速地下载作品章节。电子邮件的媒介是最接近传统的印刷读写实践的媒体。商业、学校及其他组织机构都使用电子邮件,由此可见,它比其他类型的数字交流更适合正式的语言应用。

在这个新型的语用环境下,萌生出越来越多的跨模态交流方式,强调一种基本混合读写能力的重要性,即语言及非语言。很久之前,哈利迪曾预言说:"当人们对语言有新的要求时,它也会发生变化,做出回应……我们改变语言,让它以前所未有的方式服务于我们;而它也必须进化成不同的语言才能满足我们的需求。"这种文字与视觉结合的新型读写能力包含两个方面：一，通俗用语的读写能力，也就是了解不同语言或白话是怎么互相影响的；二，信息资讯的读写能力，也就是知道如何从互联网上获取有用信息，然后应用于交流实践中。总之，混合读写能力指的是通过数码设备获取并使用多种格式的相关信息的能力。所以，它包含其他分类的读写能力，比如与信息和技术相关的技能，并且超越传统的读写技巧。

而斯塔克和克劳福德则选择从政治性的角度看待这种趋势，他们认为新型的读写能力可以影响并支持现有的政治社会体系。换句话说，混合文字可以用来维系意大利马克思主义者安东尼奥·葛兰西所说的文化霸权，或者说用间接的方法及这种书写方式控制普罗大众。两位学者认为，表情符号是"信息资本主义"的社交网络中传输"情感投入"的渠道。所以，表情符号有十分丰富的社会、文化、经济内涵。在新型数字经济中，它代表极具商业价值的情感数据，构成饱含情感意义的能指。他们还表示，表情符号体现且代表了人类主观潜力以及生产力之间的紧张关系，而这种生产动力正是资本主义通过管理日常政见尝试控制的。所以，在数字王国市场逻辑的制约下，表情符号是情感投入的创造力与其限制性之间的竞赛。

整套论证逻辑或许比较正确，并且出现在广告和政治标语中的表情可能为这种假设提供了实例证据。

The Semiotics of Emoji

占领世界的
表情包：
一种风靡全
球的新型社
交方式

146

但是,本书中分析的所有短信里没有直接或间接暗示出这种潜在的意识形态维度。当我们问研究对象有关情感与资本主义的问题时,比如"你是否觉得在资本主义社会表情符号可以用来操控人们?"几乎所有人都给出了否定的答案。虽然他们指出或许有这种可能性,但之前任何形式的说服性写作也都有类似的风险。

人们普遍认为表情符号是一种轻松诙谐的交流方式,但斯塔克和克劳福德却认为,它们的意义超越了常用在移动设备上的符号,最终呈现出的是一种社会经济意图;从微笑表情的流行开始,作为文化形式的视觉语言就常出现在印刷品、企业策略、版权声明、线上聊天室及有关技术标准的争议中。虽然这些观点尚有争议,但他们指出,表情符号已发展成广泛使用的日常用语、用来打磨数字生活的粗糙边角——这是很有道理的。正如我们已经了解到的,表情符号可以有效地增强语气、增添幽默感,还为每个人提供一种快速有效的方式,把色彩和个性带入无聊单调的线上文本空间。表情符号甚至还能做到更多。

除了增强语气以外,表情符号还能作为应对情绪的策略以及创造性表达的新形式,但即使如此,在这两种情况下,表情符号仍然受到语用性文本规则的限制。表情符号始终为其使用者所用,并且在数字时代创造出一种表达情绪的新途径。

莎拉·艾哈迈德认为，"情感是萦绕不断的感受"，情感的对象可以是人物、地点或事物。最重要的是，表情符号代表着一种压力，这种压力存在于释放人类潜力和市场通过商业化情感模式不断寻求的生产力之中。如亚历山大·加洛韦所说，"正是文化中看上去最没有政治特性的部分最后才被证明是最具政治属性的。"显然，表情符号的意义要比我们肉眼看到的丰富许多。但是，声称表情符号的普及可以支撑整个经济体系的观点是不切实际的。更值得我们了解的是，在产生新型知识形式、蓬勃发展的新智能时代背景下，表情符号是如何一步步崛起的——这才是我们应当首要关注的话题。

The Semiotics of Emoji

占领世界的
表情包：
一种风靡全
球的新型社
交方式

148

问候

如本书从头至尾反复强调的，表情符号最基本且实用的功能就是增加情绪语气以及强调交流中的寒暄成分。其中之一就是放在信息开头和结尾作为问候语。为了展开更详细的讨论，我们再重复概括一下交流的实用功能，比如表情、寒暄、诗性及参考（释义）等。著名的语言学家罗曼·雅各布森（Roman Jakobson，1960）认为，为了理解人类互动的完整本质，研究语言的功能至关重要。他认为语言的功能与语言交流的组成部分相关，并总结出图 6.1 中的六大基本要素。

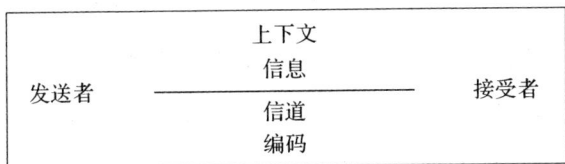

图 6.1 雅各布森的语言六要素

发送者是开始对话的一方,信息是发送方想表达的具体内容。接受者是接收信息的一方,上下文是让对话双方破解信息意图从而获取恰当含义的语境。发送者与接受者之间的信道是指定义语域及互动性质(例如正式、友好等)的私人及社会关系。编码提供了构造或破解信息所需的语言及非语言资源和线索。

雅克布森把语言六要素与六功能匹配在一起,见图 6.2。

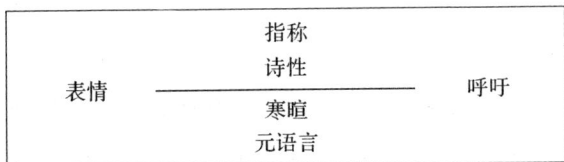

图 6.2 雅各布森的语言六功能

表情功能与发送者构建信息的意图相关。呼吁功能是信息给接受者带来的效果。指称功能是言语传送的语境,表明信息的构建是为了表达有关某个主题的具体信息。诗性功能把注意力放在信息的形式上，制造与诗相似的美感。寒暄功能用来建立、维系或缓和社会关系。最后，元语言功能强调所构建的信息，指向所用的编码。"寒暄"一词取自马林诺夫斯基的著作，是指主要发挥社会功能而非字面意思的词语及语句交换。比如，当我们跟熟人打招呼、问"你好吗"的时候，我们并不是想像医生一样了解对方的体检报告。换句话说，这句话只具有寒暄功能，只是想让人们在希望彼此健康的潜台词下产生联系。马林诺夫斯基同时还认为，针对寒暄的研究可以让人类学家了解不同寒暄形式如何揭示文化重点、评估规范行为的组成。

问候语是寒暄的基本形式。在研究小组收集的短信中，正如前文几次提到的，表情功能十分常见。短信中类似"亲爱的……"的传统问候语从未出现过一次。取而代之的常见问候是随意的"嗨"以及一个表情符号，有时甚至没有文字语言，只有表情符号。图6.3 中的短信就是一个典型例子（摘自某公共网站）。

短信开头的几个表情塑造出发送者的形象，所有视觉成分组成了男性发送者的肖像——男性脸、西装、领带、西裤、商务皮鞋和公文包。有趣的是，女性接受者也以同样的表情符号风格给出回答，刻画出一个女性肖像——女性脸、连衣裙、女鞋和欢迎的吻。她没有用自己的名字签名，反而用一个微笑的婴儿脸代替，很明显，这个表情代表他们的孩子，并且还加上了儿语的"爸

The Semiotics
of Emoji

占领世界的
表情包：
一种风靡全
球的新型社
交方式

150

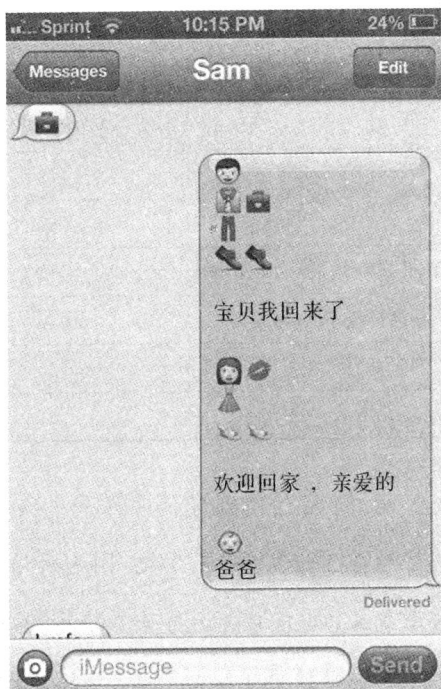

图 6.3　表情符号代替问候语

爸"(Da Da)。这些表情符号用在相对应的文字陈述前("宝贝我回来了"以及"欢迎回家,亲爱的"),体现了基本的寒暄功能。女性的回话体现了呼吁功能,其中包含了对于她和老公格外重要的家庭意象(孩子)。

　　项目收集的短信数据包含许多体现表情符号寒暄功能的例子。我们把研究对象提供的 323 条短信按照表情的功能分类,并记录了每种功能对应的使用次数。需要注意的是,大多数情况下,表情的功能有所重叠,换句话说,寒暄与表情功能在所有问候形式中通常是交织在一起的(见表 6-1)。

表 6-1　每种表情功能对应的使用次数

功能	表情符号的实际使用次数
寒暄	412
表情	589
呼吁(带有极强情绪的表情符号)	512
指称(有具体的所指对象)	456
诗性	134
元语言	0

The Semiotics
of Emoji

占领世界的
表情包:
一种风靡全
球的新型社
交方式

152

事实上,我们没有找到任何一个符合元语言功能的表情符号,这种情况并不少见,因为表情符号主要用来增强含义,而不是表达有关表情本身的观点。图 6.4 中的短信就体现了信息构建中的功能重叠。

圣诞老人和圣诞树的表情像书立一样放在开头问候语的前后,给整条信息定下了欢度圣诞的基调,与节日气氛相呼应,很像传统的圣诞贺卡。放在文字"加利亚诺一家!"之后的礼物表情不仅增强了感叹号的效果,而且强调了信息的整体要旨和主题。生日蛋糕的表情具有指称及情感意义,它把信息与庆祝生日的图像联系起来,并构成了抒发情感的视觉形式的感叹号。接下来几个头像表情符号是信息发送方的人物形象。有意思的是,实际上编写短信的人是娜迪亚,用公主的符号代表自己,似乎暗指她是全家年龄最小的成员,因此是家里的公主。娜迪亚的最后一句

図 6.4　信息构建中的功能重叠

153

话"注意到皇冠了吗?"搭配带着皇冠的公主表情和指
向公主的箭头表情,加强了这种概念化。短信结尾的
一连串表情组成了画谜结构体——微笑脸、雪人、雪
花、星星、圣诞老人、树、绽放的焰火和礼物,总结了信
息的意图及主题,最后一次表达了圣诞祝福。最后一
串表情符号避免信息戛然而止,暗示了她与对方还需
要继续交流。

女性对话者常在信息末尾使用亲吻的表情作为
问候标记语以及还会继续交谈的象征,至少这样做可

以避免对话不会突兀地结束。图 6.5 中的短信就是一个典型例子。

图 6.5　以亲吻的表情作为问候标记语的例子

最后一句话重复使用了四次相同的亲吻表情,清楚地体现了上述功能并强化了寒暄效果。在研究 323 条短信时,我们发现传统印刷文本中的问候模式已基本消失。此外,用在信息结尾处的表情符号起到了签名的作用,信息发送者一般会选择使用同样的表情符号作为短信结尾。

The Semiotics
of Emoji

占领世界的
表情包:
一种风靡全
球的新型社
交方式

154

标点符号

可以用作借译词的表情符号具有标点符号的若干功能。但它们也增加了一种传统文本一般没有的概念性元素,即在文本中标出重要的意义节点。值得一提的是,古代拉丁语及希腊语的连续文本(scriptura continua)不使用任何空格或符号隔开词语或句子,而标点符号的引入改变了这种情况,消除了不必要的矛盾,减少了人们处理文本的消耗。从 9 世纪到 14 世纪,欧洲语言的文本中开始出现分隔的词语,可能因为随着读写能力的早期普及，人们需要把文字按照相应的音节顺序排列出来从而方便阅读。14世纪后期，古登堡革命结束后出现了新的标准化表情符号，使大规模生产文字读物成为可能。如今，连续文本仍出现在许多使用表形文字的东南亚语言中，但中文约在100年前从西方借鉴并应用了标点符号。

表情符号的标点功能在文本中代表"情绪停顿"，在消息末代表"情绪终止"。正如我们反复看到的，高兴的面部表情在混合型信息中一般用作逗号或句号，并且增加了一些情感意义。在图6.6的对话中，微笑脸代替了句末的标点符号。这样一来，整段对话传达的爱意就变得更加强烈了。

图6.6　高兴的面部表情的情感意义

图 6.7 的短信中,"OK"之后的面部表情结构体不只起到标点的功能,而是随着表情的变化,表达了一系列不同的情绪。

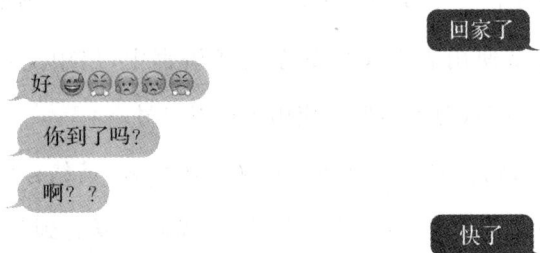

回家了

好 😄😣😠😠😠😣

你到了吗?

啊? ?

快了

图 6.7 面部表情用于表达情绪

The Semiotics
of Emoji

占领世界的
表情包:
一种风靡全
球的新型社
交方式

156

结构体中第一个流汗的表情体现了一丝担心,而基于已给的信息或缺失的信息,第二个表情表达了一些愤怒,末尾的重复使用又强调了这种情绪。两个流泪的表情说明发送者感到难过。由此可见,作为标点的借译性表情能在混合文本中系统地抒发情感。

其他语用功能

虽然总体上标点符号能让发送者强调态度、情绪及观点,但表情的其他语用功能也值得我们了解。图 6.8 的短信中,脸部表情主要用作视觉标记语,加强上下文会话中传递的情绪状态或情感。

图 6.8　表情用作视觉标记语

　　上图中,上面短信的发送者明白接受者需要不同的朋友,所以她为对方感到开心。但她也提醒了对方不要"玩得太疯",并配上了眨眼的表情。眨眼表达了发送者假装不去想她朋友离开她去跟其他人玩有什么额外的含义。接受者用两个表情回复发送者,一个表示担心、另一个也是眨眼,体现了与之前标记语的语义联系以及首语重复的功能,也就是重复之前已经提到的内容。最后,咧嘴笑的表情表明了使用者非常熟悉温哥华。

　　我们在短信数据中发现表情符号一个有趣的语用功能是表达讽刺意味甚至冷嘲热讽。比如,"开心极了"的表情常被当作表达讽刺的语篇标记语,与表示恼火或者恼怒的咧嘴笑相似。图 6.9 的短信使用了三次"开心极了"的表情,用相当讽刺的竖大拇指表情

157

结束,强调了使用者对于无意义的消费行为的嘲讽。竖大拇指的表情还起到了问号的作用。

> 哇这也太贵了
>
> 你最近也花太多钱了吧 😃😃😃 👍 买了很多酷炫的科技产品啊
>
> 我也想要这个3D笔XD天啊
>
> 哈哈是啊最近是花了不少钱

图 6.9　表情符号用于表达讽刺意味

惊恐的表情是效果更强的讽刺性语篇标记语,特别用于发送者因为某事感到十分不适的情况下。图 6.10 的短信中,这个表情用在表示讽刺的一串"哈哈"之后,类似一个讽刺性的感叹号。

> 这太让我头疼了,抱歉哈哈哈哈 😭
>
> 哈哈 🤓

图 6.10　表达讽刺情的表情符号

吐舌头的表情同样也是表讽刺的标记语,将讽刺或幽默直接注入句子或整条信息的内容中。它也达到了讽刺性感叹号的效果,见图 6.11。

好吧不管如何我们会去的 😊

太好了天啊等不及了

我要告诉谁呢 😊

😊 比如弗雷迪或其他一些人吧

天啊你太懒了

2015-11-24，14：14

😊

图 6.11　吐舌头的表情用于表达讽刺

雷耶斯、罗素和维尔的研究发现,虽然在没有面对面接触以及语音语调的支持时表达讽刺有一定的难度,但讽刺对于多种数字交流形式来说是无所不在的。我们的短信数据显示,不同的位置和相互联系都体现了讽刺义,具体来说有三种表现形式:一,表情签名,例如收到一条刻薄短信后回复"你人真好"并配上一个吐舌头的表情;二,说反话,例如在出现意料外的情况时,发一条十分讽刺的回复"她说她会来,那她肯定说到做到",搭配一个大笑的表情;三,重复,例如在肯定句和多个不一样的表情后,再连发几个感叹号。

表情符号的另一个语用功能是用来要求解释某些观点。比如,表示惊讶或讨厌的表情就常用来表示需要解释以及渴望、祝愿、期待的情绪,见图 6.12。

嗨你什么时候回来？

嗯??? 😐

别担心那么多! :) 他学习的时候真的很认真

············但愿如此吧 😐

等下我都没看见他

哈哈

😐 😐

The Semiotics of Emoji

占领世界的
表情包：
一种风靡全
球的新型社
交方式

160

图 6.12　用表示惊讶或讨厌的表情来表达需要解释的情绪

　　沮丧失落或意见不合通常用"斜眼加撇嘴"的表情。从情绪程度上说，这个表情与愤怒不同，相对克制且和缓，因此间接表达了对解决问题的渴望，见图 6.13。

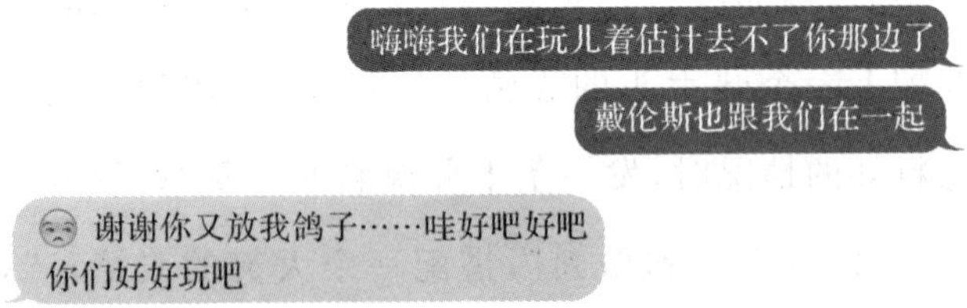

嗨嗨我们在玩儿着估计去不了你那边了

戴伦斯也跟我们在一起

😒 谢谢你又放我鸽子……哇好吧好吧
你们好好玩吧

图 6.13　表达失落或意见不合

　　焦虑的表情也延伸了这种功能，它给信息增加了一丝悲伤的情绪，从而缓和了整体的负面性，见图 6.14。

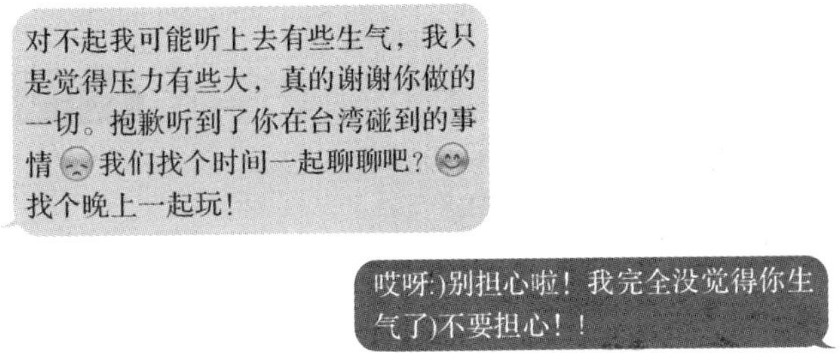

对不起我可能听上去有些生气，我只是觉得压力有些大，真的谢谢你做的一切。抱歉听到了你在台湾碰到的事情😔我们找个时间一起聊聊吧？😊找个晚上一起玩！

哎呀:)别担心啦！我完全没觉得你生气了)不要担心！！

图 6.14　焦虑表情的应用

　　表示"啊！不好"的表情也可以表达沮丧心烦或惊慌失措的情绪，但一般用在不好的事情或骚乱发生后令人不悦的语境下，见图 6.15。

哈哈哈对不起让你担心了

太累了

哎😣吃点东西，今晚早点休息

我马上要期末考了

我冬天要回台湾了

太难过了😣

图 6.15　表达"不好"的表情的使用

　　表示"啊好吧"的表情表示一种妥协、同意、遗憾以及轻微不合的复杂情绪，见图 6.16。

我们到时候看吧

😟 好吧

嗨想一起吃中饭吗？我以为我能
赶上公车但没想到去车站要这么
久……我没赶上车。😕

哈哈哈好

图 6.16　表达妥协同意等复杂情绪

叫喊的表情表示哀求解释或要求澄清某种误会，
见图 6.17。

嗨我刚到家！谢谢你给的水果！
晚安哈哈 😆 😷

2015-11-28, 15：25

不用谢哈哈

我刚洗完澡 😭 😆

想吃东西吗？

图 6.17　叫喊的表情的应用

如果发生了出乎意料的事情并且发送者对此有
些疑问，就会用"关心"的表情表达担心，见图 6.18。

我来了！
莎伦跟我一起来了

汤米没来

我马上到

😮 我还以为你不喜欢莎伦呢

图 6.18　用"关心"的表情表达担心

抱歉的表情用来表达歉意，但也掺杂进一点遗憾的情绪，见图 6.19。

哈哈没事啦，我就在家附近随便吃点东西，然后要赶紧去多伦多电视塔了啊哈哈

我时间不多了 😣

是的是的

图 6.19　用抱歉的表情表达歉意与遗憾

然而最直接地表达需要同情的表情是流泪的表情，见图 6.20。

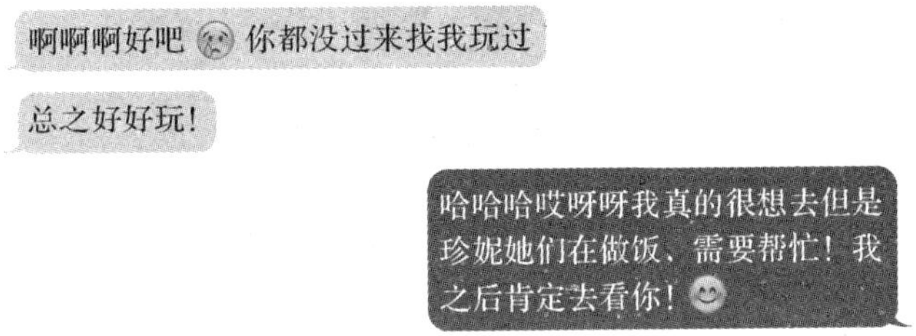

啊啊啊好吧 😢 你都没过来找我玩过

总之好好玩！

哈哈哈哎呀呀我真的很想去但是珍妮她们在做饭，需要帮忙！我之后肯定去看你！ 😊

图 6.20　用流泪的表情求得同情

最后，无须赘述，愤怒的表情肯定是用来表达愤怒的，但对象不是对话中的另一方，因为表情符号很少用在口吻严肃的消息中。愤怒表情是表示"我不喜欢"的视觉化语篇标记语，见图 6.21。

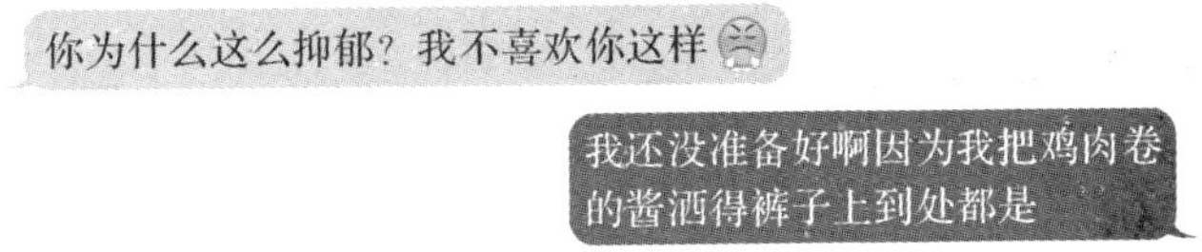

你为什么这么抑郁？我不喜欢你这样 😠

我还没准备好啊因为我把鸡肉卷的酱洒得裤子上到处都是

图 6.21　愤怒的表情表达"我不喜欢"

通过介绍并讨论上述若干表情符号，我们可以看出，混合书写中的词语及图像构成了一体化的会话体系。语言学家泰勒·舒诺贝伦（Tyler Schnoebelen，2014）也在他研究过的推文中发现了关于表情符号使用的相似模式。比如，虽然放在分句和长句末尾的表情符号有多种功能，但同样也表明文字语义表情符号的概念性语义紧密相连。图 6.22 中完全用表情符号构成的句子可以基本翻译成发送者后悔没能跟朋友见面喝酒。

The Semiotics of Emoji

占领世界的
表情包：
一种风靡全
球的新型社
交方式

164

图 6.22　表情符号句子

若重新排列表情的顺序，意思就会完全不同，看上去也并不容易理解，见图 6.23。

图 6.23　调整顺序后的表情符号句子

表情的排列顺序代表状态或事件发生的顺序。比如，图 6.24 中的三个表情表明伤心发生在心碎前，很符合前后逻辑。

萨克斯、杰弗逊和柴格洛夫的研究显示，概念性结构也左右着面对面的对话交流，但影响力相对较

图 6.24 表情的概念性顺序

小。实际上,有许多谈话策略借助隐含结构,使对话按照先后顺序展开——也就是说,对话双方在聊天时下意识运用的谈话技巧。因此,对话者的言语就组成了相邻语对;当一人提问,另一人明白答案是符合顺序的恰当答话。同样,如我们看到的,表情符号也可以构成相邻体系,补充、加强并偶尔代替信息中的文字部分。

其他相关问题与发现

　研究过程中,有关女性是否比男性更经常使用表情符号的问题出现过几次。但是,我们没有掌握明显的证据证明表情符号的语用现象存在性别差异。研究小组中的男性和女性以相同的频率和会话原因,使用同种类型的表情。因为我们的研究小组由相同数量的男性和女性组成(各 50 人),所以我们的研究发现与其他相似的研究项目比起来有明显差异。某种意义上说,这种新型的沟通形式已经去除了许多典型面对面对话中的性别特征。当然,写作一直都有这样的能力,除非作者声明自己是女性,否则很难通过写作本身判断作者的性别。

　　分析短信时还出现了有关礼貌的问题。在面对面的传统书写语境中,礼貌用语会较系统地用于满足社交目的。比如,在法国用"你"(用于熟悉关系的第二人称)称呼陌生人而不用"您"(表礼貌),会被认为是不礼貌或粗鲁的,除非讲者透过口音表示自己是外国人。在意大利,跟警察打招呼时说"嗨"(ciao)而不是"抱歉打扰一下"(scusi)至少会先遭遇负面回应。类似的行为打破了社交礼节,而不只是缺乏语言知识。表情符号短信中的礼貌用语更加隐蔽,而不会被公开表达出来。为了表示礼貌,人们通常会用一些友好的面部表情。有意思的是,佩内洛普·布朗和史蒂芬·勒文森发现,礼貌与面部有关,或者与我们在人们面前想要尝试树立的形象有关。所以,表情符号文本中的礼貌一词有更具体的含义,因为它在一系列的实际面部图像中体现出自身价值。

　　虽然表情符号很大程度上只适合用在朋友和熟人之间的非正式交流中,但它在整个网络世界却在快速传播。比如推特社区普遍用表情符号作为他们的标志。其实,推特是研究新型书写风格如何在有限使用环境下出现并发展的绝佳"田野调查实验室"。人们在推特上和面对面聊天一样,都希望获得社会认可,保持积极的社交形象。丹奈斯·尼古莱斯·米兹、加蒙和杜麦运用了一套方法衡量词语的使用,划分词语的心理意义类别（例如冠词、助动词、积极情感等）。他们发现，一条推文如果包含这些类型的词语，就能体现出某种风格。一条推文可以展现多种风格，事实上大部分推文的风格都是综合性的。他们还发现，属于同一段对话的若干推文从风格上来看更加紧凑。常在推特上聊天的推友（使用推特的用户）一般会使用相似的语言风格，就是因为他们彼此认识或知道彼此有共同之处。

这样的研究表明，推特用户的社会地位与语言的关联已经通过新的交流方式建立起来。研究人员比较了推特上♯关注对象、♯关注者、♯推文、♯日期、♯每日推文以及个人网站的数据，发现其风格特性与线下对话的传统社交分层仅有非常微弱的联系。不过这也有可能意味着某些使用者的社会地位不为人所知。我们的研究团队发现，推特已成为适合全体社会成员使用表情符号的媒体平台。下面的两条推文就是典型案例。第一条来自澳大利亚政客茱莉·毕肖普(Julie Bishop)，第二条来自流行歌手麦莉·赛勒斯(Miley Ray Cyrus)。我们直接从网站上引用了这两条推文。

Julie Bishop ✓
@JulieBishopMP

Parliament 🏛adjourned till 9/2/15! Thanks
@DFAT 🧳and min staff 🐝 for stellar ✨🌟
year. Still more 🛫🌏 before 🎄🎁 but have
good break 🏖🎿🍸☀️🎣 🍸😊

图 6.25　政客茉莉·毕肖普的推文①

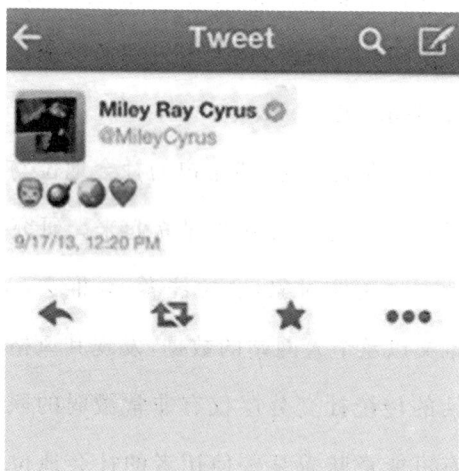

图 6.26　麦莉·赛勒斯的推文

The Semiotics
of Emoji

占领世界的
表情包:
一种风靡全
球的新型社
交方式

168

　　毕肖普的推文明显使用了若干表情符号,向读者
表明她紧跟流行趋势,把表情用作加强语气的标记
语。所有表情都有积极的隐含意义,暗示着对于其政
治议程和活动的接受、认可和称赞。麦莉·赛勒斯暗
示着她会大获成功,也就是说她会在现场像炸弹表情

　　① 这则报文可大致翻译为:议会休假至 2015 年 2 月 9
号! 谢谢@DFAT 以及各位同事让过去的一年熠熠生辉。圣
诞节前还有许多出差事项,但还是可以放松一下的。

象征的那样绽放光彩,推文末尾的心形表情表达了她对读者的爱以及她对于事业发展的期待与热情。

在我们采访研究对象的过程中,我们发现推特及其他社交平台上的表情符号与短信里的一样,都是用来表示对话者之间的熟悉程度和亲密关系的。他们强调,表情符号是一种高效的速记方法,以更简单、有趣且娱乐的方式传递大量信息。比如,一位研究对象说,他的妈妈在他在参加朋友的社交聚会时发来一条信息,开头用了一个偷看的表情符号(见图 6.27),表明想知道他当时在哪里。

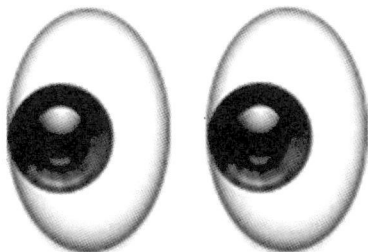

图 6.27　偷看的表情

当然,为了正确理解表情符号的含义,我们必须知道上下文的语境。其实,如果偷看的表情用在夫妻之间,就会有完全不同的解释,可能暗示着发送者怀疑对方有不忠或欺骗的行为。作为《牛津词典》的主席,卡斯珀·格拉斯沃尔(Casper Grathwohl)在接受媒体报道时说,2015 年选择表情符号作为年度热词标志着潮流的转变,传统文本已不能满足现代的语用功能了:

我们可以看到，传统字母文字已很难满足21世纪对于通信的急速与视觉需求。所以我们看到像表形文字的表情符号能填补这些差距并不会觉得惊讶，这种符号灵活且迅速，还能巧妙地注入情绪和语气。所以，表情符号正在变成越来越丰富、超越语言边界的沟通方式。比如，安迪·穆雷（Andy Murray）用表情符号发了一条推文讲他的婚礼安排，与此同时也直接与全球粉丝分享他的各种感受和心情；用表情符号表达情绪十分有效。

The Semiotics
of Emoji

占领世界的
表情包：
一种风靡全
球的新型社
交方式

170

Emoji Variation

第七章
需求中的不断进化

不同的文化才能让世界不停运转。

——萨曼莎·福克斯（1966—　）

　　统一码推动了表情符号的普及和发展，如之前章节中介绍过的，统一码是适用于不同语言及脚本的国际编码标准。它的目的始终都是打破传统字符编码的内在屏障，解决不同语言之间不兼容的问题。但从2010年起，统一码和其他表情符号体系承受着来自世界的压力，人们要求改变或扩大核心表情符号。这种情况导致出现了各种表情符号的变形，使它越来越贴近自然语言的属性。

　　如今，使用者可以在键盘、应用程序和网站上找到五花八门的图标，在信息中用上有细微差别的表情符号，或者干脆只用表情编写信息。这会进一步促使表情使用中出现更多变形、歧义或者文化编码。比如,人们在提到手枪的表情符号时,必然会联想到充满争议的意识形态差异及见解。另外,那些看上去非常直接且明确的表情符号,也就是核心表情,也可以有多种理解方式。当我们把茄子的表情符号给组里的研究对象看时,很多人都开玩笑说它可以代表男性生殖器,就像许多网站上说的一样(见图7.1)。

The Semiotics
of Emoji

占领世界的
表情包:
一种风靡全
球的新型社
交方式

174

图 7.1　茄子表情

　　这样的使用及理解中的问题正是统一码让全世界使用者投票选择新表情录入的原因。就像网上有各种主题的维基网站一样,表情符号也正在建立一套维基体系,让表情使用和创新变得民主化。这种局面对表情符号的通用性有直接影响。统一码和其他相似体系也进行了统一整合。比如,统一码与苹果合作,定期增加几百个表情,引入具有文化特色的表情以满足国际需求。事实上,许多新表情的设计能体现许多主题的多样化,比如可以有不同肤色、国旗以及同性家庭。表情符号的扩张使相关的参考材料成为必须,比如线上表情百科,追踪新表情并提供完整版的核心表情符号。表情百科还发起了一个社交媒体活动,把每年的 7 月 17 日定为"世界表情日"。

显然,任何有关表情符号发展的讨论都离不开表情变体的话题,因为尽管最初人们想要打造的是无变体的符号体系,但表情似乎正朝着可变的符号发展,具有传统语言拥有的一切差异。本章节将以此为主题,详细研究表情的跨文化变体、与具体国家相关的变体以及源自可视性和使用属性的变体(即与使用者个人相关的形式变化,而不是整体文化)。最后,本章还会讨论表情符号推崇的漫画风格的读写能力及其带来的社会和社交影响。

跨文化变体

索尼娅·福斯(Sonja K. Foss, 2005:150)的观点十分贴切,她认为变体对于视觉符号领域是不可避免的,因为视觉符号"涉及人为干预且需要呈现给具体受众,从而与受众群体交流沟通"。对于表情符号来说,一些符号还保留着其核心功能,但另一些就与具体的受众群体息息相关,构成了表情的次级功能。比如,高尔夫球或热狗的表情符号就带有文化标签,需要放在具体文化标准下进行解读。这类表情需要近距离评估所指对象,无论是基于个人还是文化,因为它们的含义随着情境的变化而变化,表达的情感从积极到消极不等。

所以,我们无法只用表情符号与彼此沟通,就像我们在看完全用表情构成的短信时,每个人对它的理解都不一样,理解过程也有重重困难。对话参与者需要先了解表情发送方在说什么、发生了什么、是何时发生的,之后才能准确理解表情符号的含义。移动科技公司 SwiftKey 曾分析过 10 亿多条应用了表情符号的数据,并将其按照语言和国家进行整理划分。

SwiftKey 是一家为安卓操作系统及苹果移动设备系统设计输入法的科技公司。SwiftKey 利用人工智能软件系统,借鉴用户之前发送过的信息,根据输入环境以及习得的用户习惯,联想并预测用户想要输入的下一个单词。SwiftKey 发布的研究结果与我们讨论的表情变体十分相关,因为该研究结果显示文化偏好与编码差异的确影响着表情符号的使用。他们发现,有些表情在某些文化里极受欢迎,但却被其他文化排斥。比如,拉屎的表情在英美文化中很受欢迎,在加拿大尤为明显(见图 7.2)。

图 7.2　拉屎的表情

这个表情反映了一种讽刺的态度,可以理解成"不管怎么样,世界就是这么糟糕",有失偏颇地体现了加拿大人傲慢、讽刺、刻板的一面。当我们问由加拿大学生组成的研究对象怎么看待这个表情时，几乎所有人都说他们使用大便的表情是因为"事情总是臭烘烘的，不遂人愿"。然而，在禁止表达与身体机能相关内容的国家，这个表情丝毫没有上述讽刺含义。因此，不同国家的人对同一个表情的理解是不同的，大便的表情就可以被理解成：一，来自西方的粗话；二，攻击性言论；三，道德腐化的标志；等等。

　　拉屎的表情符合使用粗俗用语的讽刺传统，从古代的讽刺喜剧到中世纪的插图手稿都体现了这种传统。以书边旁注闻名的手稿提供了许多关于日常生活的讽刺评论，包含了许多拟人的角色，比如猫、猴子及与大便表情类似的粪便形象。图 7.3 就是其中一个例子（引自 http://www.collectorsweekly.com）。

图 7.3　13 世纪的插图手稿

这幅图指的是胃胀气或排泄功能,有些类似于大便表情所表现的讽刺含义。大便表情上的笑容与漫画(日本漫画书风格)有关,因为漫画里常用粪便开玩笑。重点是现代的表情符号仍然带有过去同构符号内含的历史含义。这体现了"意义转移效应",即尽管时代不同,但事物的象征意义保持不变。

不同国家的不同表情

SwiftKey 的研究成果中与我们关系最大的部分是,来自不同国家的人们有不同的表情使用方法。SwiftKey 的发现与我们研究小组及其他研究(Novak et al.,2015)的结论一致,超过 70% 的表情符号是用来增强积极友好的语气的。此外,研究中还有以下有趣的发现:

(1)除了大便表情外,加拿大及其他英美语系社会一般还会常用钱、运动、暴力及粗俗的表情符号;

(2)美国人尤其喜欢用枪、比萨、鸡腿的表情符号;

(3)澳大利亚人最喜欢用与药、酒、垃圾食品和休假相关的表情符号;

(4)法国人比其他国家的人们多用了 4 倍的心形符号;

(5)讲阿拉伯语的人们比说其他语言的人多用了 10 倍的玫瑰表情符号;

（6）讲西班牙语的美国人更常使用悲伤的表情。

这些发现可以反映不同文化的关注点以及象征意义的模式，表明表情符号虽然是现代产物，但它们也延续了一部分历史含义，也就是上文提到的意义转移效应。因此，表情符号可以用来表达具体文化的含义和态度。尽管客观上的符号发生了变化，但来自不同国家的人们仍然能以过去的习惯看待眼下的世界。

虽然有些表情符号跨越了语言及文化，但还有许多表情不具备这样的性质。威尔森和彼特森认为，互联网创造了新型社区，把来自不同背景却有相同兴趣的人聚在一起，但仍然保留了他们每个人的语言及文化背景。这些新社区或许可以推动某些政治议程，聚集分散的家庭或民族成员，或围绕着商品消费和企业利益组建起来。然而，即使人们竭力保持文化中立的对话，但每个人依旧带有具体传统和文化的特性。虽然有所尝试，但结果常常事与愿违。

SwiftKey 的研究中许多有差别的表情应用是有意而为之的，体现了与全球大环境不一致的民族自豪感。卡利夫、莫里斯和普莱发现，脸书上年轻的双语使用者常混用两种语言，他们有策略地使用相关的词语和符号，从而获得他们所理解的民族个人主义共鸣。毫无疑问，这种民族个人主义在当地一定存在已久。换句话说，双语能力以及线上的"混搭"或"拼凑"的语言现象是表现国家特性或新式部落主义的新策略。这意味着语言与符号之间存在更高级别的编码转换。就像上文中提到的，表情编码体现了世界需要在文本（以纯语言为基础）和视觉形式之间自由切换。值得注意的是，美国国家公共广播（National Public Radio，NPR）成立了一个叫作"编码转换"（Code Switch）的博客，审视"种族、文化、民族前沿"。博客指出，每天年轻人都会在数字世界、家中或学校中经历各种与编码转换相关的挑战与机遇。在数字环境下，社交的游戏规则随着空间的变化而不同。在混搭网站、画面剪辑、视频网站、真人秀和游戏中，跨媒体出现的编码转换要比语言中所发生的更加频繁。

今天，人们可以定制表情符号，从而满足具体的文化偏好和特别需求。可以制作个性化表情的网站之一是 http://www.myemojicreator.com/。也许在个人主义即将过时的全球文化背景下，表情符号出现各种变体或特殊用法是我们需要保留并强调文化身份的提示。如麦克卢汉所预期的，互联网使个人主义及部落主义以矛盾与冲突的形式融合在一起。本书的最后两章将具体讨论这个问题。

再议文化编码

显然，文化编码是理解表情符号的功能及未来的关键问题。表情符号发展成视觉性的跨文化语言比想象中更有难度。其首要前提就是视觉符号不应比文字语言有更多歧义，但这一点明显是个伪命题。表情符号具有的文化引申义以及它们出现的上下文环境很容易产生歧义。正如查尔斯·皮尔斯（Charles Peirce）在其著作中反复强调的，任何符号和符号系统都是由"解释项"塑造的——"解释项"在我们的讨论中可以暂时被理解成符号具体生成的含义，所以含义是被各种如今或历史的情境化外力塑造出来的。因为符号从本质上具有解释项的性质，所以它每次被使用的时候，就会产生具体的含义。在西方文化中，猫是家庭宠物；但在某些文化中，它是一种神圣的动物，与某些社会奉牛为神物类似；而再切换到其他的文化环境中，猫有可能是食物来源（猫肉）。因此，虽然猫的表情符号在不同文化中基本指向同一种哺乳动物（我们暂且不谈猫的具体形态），但是它的解释项却有天壤之别，可以作为极其重要的补充含义。

第七章

需求中的

不断进化

就像我们之前分析过的大便表情符号，讽刺及幽默含义的问题与文化编码的过程紧密相关。在某一文化中具有讽刺及搞笑意义的事物，放在另外一种文化种可能不会产生同样的效果，甚至有产生冒犯或攻击性的风险。图 7.4 中的三款表情符号出现在我们分析过的短信数据中，是加拿大学生们明显认为很有趣的表情：最上面的表情形象地描绘了锅里煎着的鸡蛋，所以隐含意思是"蛋（太）棒了"；中间的表情是一个生动的电脑屏幕，正盯着使用者看，构成了一副电脑笑脸的画面，也包含了一丝讽刺意味；最后一个是漫画风格的表情，粉红色的眼睛传递出爱意和有趣，紧握的拳头也表现了开心，张开的嘴仿佛在开心地喊着什么。

The Semiotics of Emoji

占领世界的
表情包：
一种风靡全
球的新型社
交方式

182

图 7.4　讽刺幽默的表情符号

在之前提到的 SwiftKey 的研究项目以及网上其他统计问卷中，说英语的国家有最多的表情符号使用者,这就解释了为什么表情符号中有各种"视觉笑话",因为幽默是这些国家社交媒体上非正式互动的常见组成部分。研究小组主要在网上收集了两种语言的社交媒体文本——意大利语和波斯语。我们发现,尽管核心表情符号已根据具体需要被融入不同文化中,但说意大利语的人只是偶尔在非正式消息中用表情符号,而说波斯语的人用得更少。

对于说英语的国家来说,表情符号仿佛已成为年轻人的新型俚语;如果观察一下针对青少年人群的广告宣传,我们就能有所体会。像之前章节介绍的善待动物组织的案例,青少年禁毒组织(Partnership for Drugs Free Kids)也利用表情符号发起了一次活动,直接面向青少年发起有关毒品及其他青少年利益相关话题的讨论(见图 7.5),比如身体形象及欺凌。这次活动的发起者称,用表情符号讨论有难度的话题相对简单一些,比用文字语言跟千禧一代讲道理要好得多。

图 7.5　青少年禁毒组织的活动

图 7.5 中的表情符号信息可以用文字表示如下：
"我不想再喝酒了，也不想再为融入圈子做任何无意义的事情"，所以，"我要变得强大起来，吃健康的食物，不再嗑药。"因为这些图像以概念性的方式陈列出来（如第五章讨论过的），读者可以直接捕捉到关键含义，不用借助文字语言的语法。这条信息一定是可以被理解的，因为我们发现研究对象可以很轻松地读懂并瞬间明白信息的潜台词。他们还说这样的表达方式极其有效。一位研究对象说："我确定我弟弟会更认同这条，而不是禁止性的命令，因为命令听上去很像说教。这条信息就没有任何说教色彩。"

这种趋势提出了一个相当深刻的问题：在过去几千年里，人们一直都在试图普及读写能力、提倡沉思反省、推动社会进步，所以在我们做出了这么多的努力、累积了许多文化遗产的同时，我们是不是正在为了表达友好的语气而放弃之前所做的一切？"严肃文化"是正在消失的价值观吗？还是说表情符号只是混合书写发展中的必然结果？在本书的最后一章会着重剖析这个问题。

看的比听的重要

人们常说，我们现在生活在"视觉文化"之中，各种媒体、媒介生成的视觉图像主宰着我们的世界，比如电影院、电视、漫画书、网站等。考虑到这个原因，"视觉性"一词已成为研究表情文本的关键词。"视觉性"的概念是由苏格兰历史学家托马斯·卡莱尔（Thomas Carlyle）在其著作《论英雄》（*On Heroes*）中创造出来的，此书主要讲的是不列颠帝国文化中的"可视化英雄主义"。为了使帝国主义得到它所需的支持，它需要借助视觉图像进行传播。此外有些矛盾的是，卡莱尔还坚持认为，视觉性也是帝国主义的解药，因为它具有无意识的说服力。因此，视觉性既是用来宣传帝国主义的强有力形式，又是能通过相反运用抵制帝国主义的有效手段。因此，表情符号的功能也展现了视觉性一词所具有的两面性：它既可以被强势的科技外力控制，又具有一定的破坏性，因为它似乎能粉碎印刷时代建立起来的决定性的书写实践。

约翰·伯格（John Berger）是最早研究视觉性的人物之一，他在《观看之道》（*Ways of Seeing*）一书中展开了相关讨论。伯格批评西方文化将视觉图像用于散布意识形态，也就是说宣传其资本主义的政治意图。《观看之道》有七个章节，四个章节由文字和图片写成，剩下三个章节只用图片组成，重点描绘了广告及绘画作品中的女性形象。自此之后，有关视觉性的研究就不断发展，与心理学对于图像的研究、艺术领域对图像的运用有所重叠。重叠的焦点最终是受到了鲁道夫·阿恩海姆（Rudolph Arnheim）的重要著作

《视觉思维》(*Visual Thinking*)的影响。书中,阿恩海姆挑战了传统哲学与心理学对于"思维""感知"与"直觉"的分辨方式,他质疑了"语言出现在感知前、文字触发思想"的前提。对于他来说,感知和视觉表达使我们真正了解我们在这个世界的各种体验。在阿恩海姆的理论基础上——即视觉性是了解及沟通的有力手段,我们可以说,表情符号的读写实践点亮了阅读文本的新形式,将书写与视觉性结合在一起,从而在思考和表达中注入了大量无意识的视觉性元素。这也能解释为什么表情符号的推广活动在年轻人中如此有效,因为他们已经习惯混合书写体系,而年龄较大的人还在沿袭基于字母文字的阅读习惯。所以,不同年龄段人群的阅读模式差异也导致了表情文本中出现多种解释项。

埃克曼也研究了视觉性与口头表达的关系。他在读写能力普及的文化中发现了高度的一致性,人们会选择相似的语言描述代表不同的面部表情,包括开心、难过、愤怒、厌恶、害怕及惊喜。埃克曼认为同样的模式也适用于未开化的巴布亚新几内亚的法尔人,这些人从未接触过媒体上的视觉表现形式。但是,某些情绪具有文化特色,比如哪些人能在何时何地对谁展露某种情绪。埃克曼的研究表明,给情绪起名受到情绪一般属性以及文化特征的双重影响。就像本书所展示的,我们很难从具体情况中筛出普遍属性、从

The Semiotics
of Emoji

占领世界的
表情包:
一种风靡全
球的新型社
交方式

186

单个案例中沉淀出一般规律，可能因为大脑也是一种混合器官，就像符号和其他符号结构一样，擅长把部分与整体连接起来。

因此，阿恩海姆坚持认为，表情符号反映了大脑天生想要通过视觉认知进行思考并表达自己的倾向。现代社会充满了丰富的视觉语言，从广告到漫画书，到处都是。阿恩海姆觉得年轻人自然地选择使用视觉性形式来应对与生活有关的各种问题，是因为视觉形式比文字更容易想象、更具有艺术美学的表现形式。有趣的是，我们还能在现代文学写作中找到许多跟上文中提到的表情文本类似的作品，它们的相似之处体现在形式上，而不是内容上。比如，意大利的未来主义者把文本与图像结合起来，反映现代世界并立刻进行批判。未来主义者的写作形式与表情符号从性质上说完全不同——前者的写作目的与意识形态有关，而后者更加具有实用价值（即为了增强沟通交流）。未来主义者的目标是创造没有任何语义及用法规则的语言。两者都试图将现代世界带入接受创新性阅读及理解的新时期。

表情符号的读写能力肯定包含新形式的读写能力及象征主义。因此，表情符号正发展成为具有象征意义的而不单纯是标志性的语言。这也许就是某个表情能在使用者间引起误解的原因。随着表情符号的普及，它具有的象征意义越来越多。因此，从某种程度上说，表情符号的确在跨语言沟通中有助于传播常见概念，但在解释层面上，它的转移效应也已经开始起作用。另外，由于表情符号的语法是基于概念性结构的，从表情文本中汲取意义会涉及极其主观的理解。

邻对的变体

变化体不仅在文化编码中出现，而且在内部结构关系中也有所体现，在邻对变体中尤为常见。我们在采访完研究对象之后发现，实际上除了放在末尾作为结尾或放在开头作为问候的表情符号之外，用在文本内的表情才是变体，反映出发送者想要强调某些内容的意图。换句话说，表情的位置由词语的含义或选择控制，一般表情符号会紧跟某些词语，增强所表达的含义或者增加细节。然而，输入表情的便捷性也影响表情的选择。所以，比如"狗"这一文字后面跟着对应的表情符号用来补充词义，这样就构成了一个前一章介绍过的邻对。这种搭配的主要原因是在不同设备的键盘或应用程序中可以很轻松地找到并输入狗的表情。然而如果人们需要花时间寻找表情从而构成邻对，那么大部分研究对象都说他们会跳过使用表情符号，转而在网上找合适的图片。

统一码联盟选定了那些最方便人们找到并输入的表情符号，此举的目的是把使用者的日常生活用图形的形式表现出来，并打造成标准图像，尽管表情可能有象征义的细微差别，但大部分使用者仍可以快速意会。这也正是最常见的表情都用来问好、用作标点、表达寒暄或情绪。它们的确成了标准表情符号使用的核心表情词汇，就像用来表达问候的微笑脸在全世界都要比某一语言形式更容易被人们理解。一些邻对在通用标尺上可以体现出更高的通用性，比如单字"狗"和与它对应的表情，尽管类似的邻对有可能出人意料地面临差异极大的文化编码。具体说来，这个邻对给自身制造出一种隐含的文化叙事，即使用者对于狗在社会环境中的理解——狗是宠物、朋友、伙伴等。在其他文化中，这种概念可能并不成立，因此这个邻对也许会被理解为讽刺、嘲讽或者无意义。

邻对也会随着对话的推进改变结构。比如，在前一章分析过的圣诞问候短信里，发送者使用的所有图像都与圣诞节相关——圣诞老人、圣诞树、星星灯。我们分析过的大多数信息都体现了这种主题连贯性。但是，文本迫使读者接受文本图像位置的方式也暗示了发送者想要接受者抓住的重点。在其他研究中，我把这种文本结构的特性叫作"情境聚焦"，即使用语篇标记词让对话参与者关注发送者所处的特定情境，从而从情感上引起重视。在整理了为本书收集的实验数据后，我们发现，邻对使发送者在文本的具体位置上突出个人情境与情感。在圣诞节的短信中，我们可以明显看出发送者很享受圣诞节，因为她是家里的"公主"。通过形象地展示所处的情境，她有意把对话中的另一方带入她对于圣诞节的主观回应中。

情境聚焦的理论和现象表明，沟通是表达并展现"自我动态"的活动。对话参与者通过表情符号的情感属性积极地表达个人想法，实现个人目的；他们对于信息的情感回应引导着他们选择用在邻对中的图像。因此，接受者可以被"带入"到发送者明显希望引起注意的情境中，这也是体现沟通意动功能的典型例子。我们再来看一下刚刚分析情境聚焦时提到的邻对——狗的文字搭配表情符号。在具体信息的情境下，发送者想要表达狗是他生活中亲密的伙伴并扮演着重要的角色，文本中也有文字信息指明这一点——"他是我的朋友，你难道不想做我的朋友吗？"这体现出一种浪漫的感觉。古德温称之为"检验"，即"为参与者提供能用来评价事与人的资源，从而让参与者对所参与的较大项目做出评判"的策略。这样一来，发送者就能评价自己或对方的情绪状态以及对具体情况的理解。

表情书写的自我动态功能可以从情境上区分邻

The Semiotics
of Emoji

占领世界的
表情包：
一种风靡全
球的新型社
交方式

190

对。所以,除了极具情感张力的邻对外,比如"我爱你"加上心形表情,下面的分类也可以用来表示类似邻对的自我动态属性:

(1)注释:邻对包含的表情使发送者以视觉的方式对其主观回应做出解释,比如"这太糟了"搭配大便的表情;

(2)嘲笑或讽刺:邻对包含的表情应表达对某事的讽刺回应,比如"我觉得他应该在跟她约会吧"搭配鼓掌的表情——👏,就像说"棒极了"一样的反话;

(3)心愿达成:邻对包含的表情表达了发送方的某种愿望和渴望,比如"我们今晚终于要出去玩了!"搭配跳舞的表情——💃👯;

(4)联觉:邻对包含的表情通过联觉效应表达出发送者的心理状态,比如"我真的爱她"搭配着火的表情——🔥;

(5)劝诫:邻对包含的表情用来表达劝诫。比如,"我只希望这是真的"搭配双手合十的表情——🙏。

虽然以上各种自我状态可以用文字形式表达出来,但一定更费时费力。此外,图像的视觉力量保证了它们具有更强的沟通能力。短信数据中的邻对结构有大量的不同之处,这说明内在变体对于表情使用来说十分常见。

卡通风格的表情

有关变体的讨论让我们再次思考作为新型读写形式的表情书写。从某种程度上说,编写一条由表情符号组成的信息与创作连环画相似。比如,邻对就类似配上标题或文字泡的卡通图片。跟漫画一样,表情符号也一般用来给文本增加幽默、讽刺、友好或其他情感气息,增强话语的表达效果。因此,考虑到表情与流行文化(比如漫画)的紧密联系,表情符号语言可以被简单归类为"卡通风格"写作。我们可以轻松地在表情使用中感知到以下三种漫画式的社交功能:

(1)社论漫画:由报纸或杂志艺术家设计创作的漫画作品,通常是对时事的讽刺性评论,与上面提到的表情符号的注释功能相符;

(2)搞笑漫画:常出现在杂志或贺卡上,用来搞笑或讽刺他人的漫画形式,短信数据中使用的讽刺性邻对就发挥了"搞笑漫画"的功能,使人发笑;

(3)图示漫画:常用于广告或学习材料里,以图示的形式讲解观点、诠释新产品或教育主题的特别之处。毫无疑问,本书分析的所有短信都使用了表情符号来说明某些具体内容。

The Semiotics
of Emoji

占领世界的
表情包:
一种风靡全
球的新型社
交方式

192

卡通风格的书写特色是表情编码的内在属性,而卡通本身也逐步发展成一种现代混合叙事书写形式,这两者间无疑存在着一定联系。正如不同文化对卡通的理解存在巨大差异,表情符号内在的卡通属性也会产生带有文化特色的多种变形。事实上,漫画的历史始于16世纪,最早出现在德国宽幅报纸上(单幅漫画印在一张大纸上),用来游说民众对于政治或社会议题的看法。随后,英国画家及雕刻家威廉·霍加斯(William Hogarth)开创了与现代连环画类似的图画或卡通叙事艺术。19世纪时,报纸开始将社论漫画纳入出版形式。在美国,包括托马斯·纳斯特(Thomas Nast)在内的漫画家将漫画作为一种游说手段。他最著名的作品是以美国内战以及废除奴隶制为主题的漫画。1925年,美国著名杂志《纽约客》(*New Yorker*)引入了搞笑漫画。海报漫画于20世纪60年代出现,用来表达政治抗议。同一时期相对激进的反文化潮流催生了"地下连环漫画"的类型,以漫画的形式探讨当时的禁忌话题,比如毒品、性自由及激进的政治主张。如今,线上漫画(英语简写为"e-toons")常见于各种网站,发挥着重叠的功能。表情符号也能充当一种视觉途径,让人们在简单的日常信息中表达讽刺或发表对社会话题的评论。

随着推特和Instagram的出现,无论出于什么原因,表情符号书写已经广泛传播开来。人们可以在这两个平台的应用程序上灵活使用各种表情符号，因此表情符号的使用量也有所增加。Instagram 是分享视频或照片的平台，允许用户把视觉图像（照片、视频等）分享到其他社交媒体上去，比如脸书、推特以及照片网站 Tumblr 和 Flickr。这些媒体上的文本出于社会礼仪需要，似乎都使用了表情符号。

为了核实这一推测，我们询问了 5 名研究对象，他们在这些平台上与朋友交流时，是否可以做到连续一星期不使用任何表情。所有研究对象都一致认为，不用表情的文本会显得很"奇怪"或"可怕"。由此我们可以看出，尽管这些反应只属于非正式的证据，但表情符号不再只是一个选项而已，它已成为某些语境、平台、媒体上系统性书写风格的组成部分。表情符号是卡通风格读写形式的一部分，这种卡通风格强调幽默诙谐，而非严肃认真。

读写实践也是社会实践，两者相辅相成。从某种程度上说，整个社会自然地使用混合书写形式是一种进步性的回应，抵抗僵硬死板的线性音节书写以及印刷读写时代以来的权力关联；这也反映了卡莱尔坚持的观点，即视觉性是一种可以用来推翻现状的形式。包括雅克·德里达在内的评论家认为，印刷读写实践妨碍了我们解答存在主义问题，因为它制造出各种相关的语言分类及精细定义，并将其嵌入用来生成文本的词汇及语法中。如果回顾书写的历史以及它所经

The Semiotics of Emoji

占领世界的
表情包：
一种风靡全
球的新型社
交方式

194

历的种种变化,我们就会醒悟,认为语言可以毫不失真地编写想法的假设是十分荒谬的。德里达分析了不同的哲学著作,发现这些作品极其复杂繁复,受控于哲学家的特殊利益或当时不着边际的意识形态。因此,写作并不是追求真理的工具,因为追求真理从性质上说是难以表述的;写作只是以某种方式编写真理的途径。文字文本的含义不能被绝对地限定出来,因为含义会随着具体读者、阅读时间、阅读方式等的变化而改变。对文本的理解既需要明白它每个组成部分的含义,还要懂得这些部分是如何组成一个整体的。脱离整体去理解组成部分是行不通的,所以理解文本的过程是循环的。因此,文本的含义必须放在它所处的文化及历史大环境下才能被破解。

从传统上说,学者们一般会以反映作者观点的方式诠释文学作品,但德里达却十分反对这种做法。叙事性文本是没有一成不变、完整统一的含义的,因为他人不能轻易定义作者的意图。一个文本具有无限数量的合理解释,这完全超出了作者的意图。因此,文本会随着时间的流逝自我"解构"。所以,从最本质的角度来看,写作实践等于自我参照。文本中看似真理的部分其实只是某一具体观点。因此,写作是记录并复制文化意识形态以及主流观点的工具。然而,德里达有可能忽视了一个事实,那就是每种表达形式都体现了历史情境化。这并不意味着它不能被不同诠释手段破解含义。当文字中加入图像的辅助，诠释手段也会被诗意覆盖，发挥出感性、自我动态以及抵抗理性哲学逻辑的功能，有序地展现事实。所以，跟卡通一样，表情符号本身就具有反对霸权的抵抗力。

字母为古代世界带来了诠释学革命，使文字写作代替口头表达，从而能更好地记录信息并理性地理解世界。如麦克卢汉所言，这是因为字母"塑造并控制人类联结及行动的规模和形式"。麦克卢汉提出了人类文明的产物（包括文字）遵循的四大"定律"，即放大（amplification）、过时（obsolescence）、再现（reversal）及逆转（retrieval）。首先，新发明或技术会放大使用者的感官、智力或生理机能；而某一领域被放大后，必然会有另一领域被缩小或最终被淘汰；当新技术被用到最大限度并且最终推倒它的特性时，之前的技术会以另一种媒介再次回归。正如我们在本书中看到的，表情符号的混合书写体系的确扩大了非正式语言交流的规模和范围，淘汰了一些字母文字书写实践。但今天，印刷以及其他典型媒体形式已重新回归到网络时代，从印刷形式到单纯的符号文本，各种形式百花齐放。

当然，卡通风格混合书写的社会发展也值得我们从社会经验及神经学角度深入研究，因为正如第四章混合理论及其他神经科学理论表明的，视觉能力及语言能力需要多个神经区域的参与和协作。这或许意味着认知上的改变,即再现过去(使用表形文字)以及放大现在(使用混合书写)。漫画风格的书写具有反霸权的属性,因为它公然违抗传统的读写时间。纵观历史,有读写能力的人总是更具权威且能施加影响。在 15 世纪晚期以前,世界上的绝大部分人都不会读写。大部分没有学习读写的机会,因为那时学校少,书本稀缺且昂贵。虽然每个社会阶层都有会读写的人,但大部分还是集中在上层阶级。文盲依赖具备此能力的人为他们读写,束手无策。时至今日,不会读写仍然代表着无能及窘迫。

读写能力的普及始终分布不均,直到 14 世纪印刷机被发明出来。社会阶层一般决定了谁会具有读写能力。读写水平根据地理位置不同而不同,哪怕在一个国家内也是如此。麦克卢汉把印刷机开启的新世界叫作古登堡星系(Gutenberg Galaxy),以发明了印刷机的欧洲发明家、德国印刷家约翰内斯·古登堡(Johannes Gutenberg)命名。15 世纪之后,通过书籍、报纸、小册子和海报,印刷文字成为宣传信息、知识及想法的首要手段。更重要的是,书籍可以跨越政治界限,印刷机推动了文化的全球化,鼓励全世界人民学习读写,为几大重要的社会变革铺平了道路,尤其是欧洲启蒙运动。

随着 18 世纪及 19 世纪商业和工业的蓬勃发展,许多人迁移到了城市,城市环境要求人们学习如何阅读说明并执行需要读写能力的任务。政府开始重视受过教育的公民,扩大公共教育体系。到了19世纪晚期,正式教育已十分普遍,以义务教育为主。因此,更多的人有机会和动力学习读写,大众的文化水平也迅速上升。

时至今日,读写能力仍是获得社会认可及经济财富的首要手段。这也正是许多组织机构努力推进读写教育的原因。但是,如上一章节讨论到的,读写实践正在发生变化。虽然印刷形式的读写能力仍然是高语域写作的规范——不管是在学校、学术圈还是媒体报道或哲学界,但混合书写很快将渗透进各个层级的书写实践中,唤醒并再现过去的图示手稿及画谜传统。所以,考虑到混合书写时代的到来,批判性读写的概念现在已成为大众非常感兴趣的话题。批判性读写能力指从印刷读物中汲取含义以及把含义编写进印刷读物的过程。这一过程主要通过正规教育实现,进而被读写能力主宰着的社会秩序巩固加强。批判性读写能力由个人的个性偏好塑造而成,之后可能还会继续提高。但它具有更广义的社会功能,即在社会的发展中塑造了书写实践。换句话说,读写能力中蕴含了一种权力意识形态。那些具有超强读写能力的人往往是权力掮客,吸引他人的注意,并且使他人听从他们的想法。文盲常出现在贫民区。但现在,整个形势已发生了很大变化。比如,辛西娅·赛德曾争

The Semiotics
of Emoji

占领世界的
表情包:
一种风靡全
球的新型社
交方式

198

论道,如果不包含电脑及技术的读写能力,那么批判性读写能力毫无用途,因为过去的权力秩序已逐渐消逝,或者在经过大幅度修改后转移到了线上环境中。事实上,在互联网时代,一种新型的反霸权读写能力正在形成,最明显的表现就是混合书写的使用。

如今,人们口中的"查资料"大多指的是在线查找维基百科或用谷歌搜索,而不再是翻阅纸质字典或百科全书了。我们查找有用信息的方式已发生如此大的转变,更不用说"书写信息"的方式。线上已成为普及批判性读写能力及知识的重要平台。"维基"(wiki)一词可用于指向任何提供某主题详尽信息的网站,比如百科全书类型的维基百科(Wikipedia)、字典类型的维基字典(Wikitionary)等。这些网站与传统印刷信息源(字典及百科全书)不同的是,任何人都可以更新内容,有时候甚至不需要注册账户——这个事实给我们理解读写能力带来了新的启发。

数字技术的涌现以及创造并传播知识的全球意识推动着全社会的进步,维基百科与表情符号就是这种进步趋势的产物。尽管如此,两者并不绝对相关。2002 年 1 月 15 日,拉里·桑格(Larry Sanger)与宾·科维兹(Ben Kovitz)创办了维基百科;起初,他们只想做一个名为"新百科全书"(Nupedia)的英文百科项目,请专家贡献者撰写,与另一个 1993 年成立、基于互联网的"因特网全书"(Interpedia)项目性质相同。但他们之后很快决定邀请志愿者及访客共同撰写并编辑该网站。

　　维基百科的整体准确性和可靠性一直存在争议，因为用户容易怀疑其内容是否确凿。虽然线上百科全书都会采取一些补救措施（比如在网站上贴出"警告"的标识），但它仍然类似一个"参考信息市场"，其中陈列的知识像商品一样，随着市场价值的变化，可以被协调、定制甚至抛弃。维基百科的初衷是让每个人都能获取到不同领域的知识，掌握批判性读写能力。创始人将其描述为"以己之力，创造并分享最优质的多语言免费百科全书，以此服务世界上每个人及每种语言"。维基百科提供了与每个词条相关的超链接以及其他方便搜索具体信息的参考工具，使后续研究方便高效。现在，人们还可以在多个数字平台阅读维基百科的文章。因此，维基百科不是刻板守旧的文本形式，不像传统百科全书那样，没有权威的许可就无法更新内容。任何人都可以通过连续创建、重构及合作，参与构建维基百科上的知识，从而确保知识来源不断丰富并持续更新。但是，一些评论批评维基百科不够准确且欠缺编辑。或许这有一定道理，但维基百科的社区成员已开始采取措施，试图把它打造成质量可控的线上参考工具。一旦出现不恰当或不正确的内容，社区成员将很快注意到并将其修改掉。维基百科是自发自治的参考知识体系。它把批判性读写

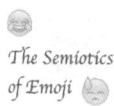

The Semiotics
of Emoji

占领世界的
表情包：
一种风靡全
球的新型社
交方式

200

实践变成了人人都可参与的活动,而不是权威性的知识形式。

　　表情符号的读写实践也是如此。尽管表情符号是由机构规定的,但它让过去的读写形式重回大众视野并越来越流行。以创造性的方式编写文本,才能带来沟通范式上的转变。人们可能会怀疑这是否只是权力转移,而不是权力衰减。举例来说,谷歌在较短时间内成功获得巨大社会权力的事实,最能印证印刷读写形式向数字形式的转变。谷歌宣称它的目标是整合全世界的信息,并且让全世界的人通过互联网都能获取到所需信息。谷歌的出现及发展引发了有关批判性或功能性读写形式的激烈讨论。虽然让每个人通过谷歌就能获取全部知识来源的崇高理念是非常理想化的,但我们仍然可以拭目以待,看它是否可行。现在,新的权力范式已经出现。虽然谷歌称它会让人们获取"一切可以获取的信息",但知识还是掌握在具有数字化能力的人手中。让某一家公司——比如谷歌——掌控如此之大的权力是极其危险的。另外一个与谷歌王国有关的主要问题是,它可能会影响人们的认知、身份、社交以及沟通。谷歌看上去是在鼓励人们阅读,那它让我们变得更聪明还是更冷漠了呢?它让我们更轻松地获取信息,但也正因如此,我们常常不进行辩证思考就无意识地拿来使用。可见,我们用来理解世界的读写规则构成了我们形成想法以及感知世界的方式。因此，谷歌毫无疑问会改变我们对批判性读写能力的看法以及我们凭借此能力可以做些什么。由此可见，人们可以从网上获取表情符号并以个性化的方式选择、更改、使用它们，并不是巧合。

与谷歌一样，表情符号书写面临的最大问题是它鼓励稍纵即逝的风格，并过分强调"卡通属性"。数据及流行趋势控制着谷歌帝国。谷歌利用算法，能够轻松判断网站间的相关性；也就是说，谷歌通过测算给可用信息打分，而不是凭借信息的"内在价值"标准。谷歌以网站的链接数量为排名基础，而不是具体搜索词的使用次数。如果一个受欢迎的网站链接到了某一页面，那么该链接的相关性会更大。因此，相关性与流行程度绑定在一起。卡尔指出，谷歌其实是在为我们随机处理信息，而不是帮助我们系统地理解信息。所以，谷歌不仅没有鼓励我们像在传统的印刷时代那样阅读文字，甚至还让我们粗浅地浏览由流行程度来分类的网页。正如外德海内森（Vaidhyanathan，2011:89）所说："我们不是谷歌的用户，而是它们的产品。我们——我们的幻想、迷恋、偏爱和喜好才是谷歌卖给广告商的东西。"

表情符号似乎符合互联网时代创造的新型读写实践。如果说人们总归会进入这个时代，那么表情符号的书写实践就需要被仔细研究，尤其是它的实用价

The Semiotics
of Emoji

占领世界的
表情包：
一种风靡全
球的新型社
交方式

202

值以及沟通跨度。事实上，表情符号已经成为一种通用语。通用语在人类历史上由来已久，通常用作商业、科学或其他官方用途。但是，对于表情符号来说，其目的只是用于人们的非正式书写，就像卡通一样，在信息编写中增强以幽默为基础的信息视觉性。这种视觉性也导致了网上出现各种表情符号的变形以及与此相关的不同理解。

有些人认为这种新型的"肤浅"通用语十分危险，因为它会威胁到包括英语在内的所有自然语言。但是，如苏珊·库克所说，有大量的证据证明新出现的线上世界与现实世界不同，有完全不同的规则。这个话题会在本书最后一章详细讨论。

Emoji
Spread

第八章
无处不在的表情符号

亲爱的互联网：你很擅长散布谣言。信任更珍贵，也更难得到。

——马克·弗罗斯特（1953—　）

　　2015 年,索尼影视娱乐公司宣布计划投拍以表情符号为主题的动画电影,其他电影制作室也表达过类似想法。在《牛津词典》将表情符号选为年度热词之后,许多信号表明,表情符号开始在全社会各个阶层迅速普及开来。我们在前几章中也讨论过,表情符号已被应用于政治活动、品牌商标创作等不同领域。表情的普及范围如此之广,甚至可以用作法庭审理案件的证据,说明表情符号的使用代表了人际互动的本质属性。然而,在脸书及 Instagram 等社交平台上出现了表情符号形式的言语威胁,这迅速抹杀了表情符号原本带有的积极情感,使它变成了一种恶毒的交流模式。目前,司法体系以将表情符号形式的威胁定义为骚扰或攻击。

表情符号在网上的迅速普及深刻地影响着它未来的演变，不仅体现在语义、语法、语用方面，而且表现在它所展现的哲学意义上。为什么表情符号可以在整个数字世界不断扩散？这对未来人类书写及信息处理有什么样的启示？这两个问题将在本书最后两章中展开介绍。本章的目的是探讨表情符号普及的模式及其演变。比如，政客们像赶时髦一般开始利用表情符号，一致地把政治言论转化成带有卡通色彩的话语。现在，许多政客的推文里都有表情符号，也许是想让信息多一丝积极的语气，同时营造自己的积极形象。这种用法的潜台词是："你怎么可能不喜欢一个态度友好且言之有理的人呢?"另一方面，人们也在以消极或讽刺的方式回应这些政客们。例如《华盛顿邮报》(*Washington Post*)于2015年建立了一个网站，为民众展示出参加当年美国总统大选的竞选人表情符号，见图8.1(引自 http://tech. co/washingtonpost-political-emojis-2015-04)。

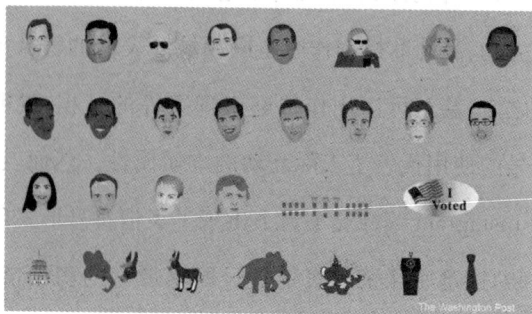

图 8.1　政治表情符号

The Semiotics of Emoji

占领世界的
表情包：
一种风靡全
球的新型社
交方式

208

选民会在发送数字信息时用上这些表情，作为对竞选者的回应。由此可见，表情符号的使用似乎已超越了朋友之间的交流语境。回到 2010 年，当全世界都开始使用表情符号时，人们根本无法设想如今表情符号的普及速度和程度。本章将着重介绍表情使用的一些主要趋势，预测表情符号潜在的发展方向。具体说来，我们会详细讨论三个话题：纯表情书写的趋势、表情翻译的出现以及表情在广告中的使用。

纯表情书写

一般来说，混合性表情书写是传统书写形式的放大，为文本增添情感含义，减弱语义及意图中的潜在歧义。如之前章节讨论过的，历史上曾出现过许多种类似的书写形式，比如画谜、图式手稿等。当然，表情还具有其他功能及属性，但一般来说，增强含义是它的主要功能。表情本身对未来的书写形式并没有太大影响，但是，完全用表情构成的文字文本却是另一回事，因为这种做法试图深入并彻底改变写作实践。目前来看，这种形式还不是十分常见，但有迹象表明它正在流行起来。

在混合书写中，表情可以澄清、诠释或加强一种含义。但在纯表情文本中，如我们在讲述出生经历的短信中看到的，理解的清晰度大幅下降。读者需要了解所用符号的概念性及句法性结构，才能破解类似拼

图一样的表情文本含义。

　　有些表情文本理解起来相对轻松，尤其是单一、简单的口头短语或表达，只需要运用基本的解密技巧。图 8.2 中的例子在网上很有名，它是谚语"非礼勿视、非礼勿听、非礼勿言"（see no evil，hear no evil，speak no evil)的表情翻译，最后的向右指表情可以被理解成"带路"，即践行谚语表达的道理。

The Semiotics
of Emoji

占领世界的
表情包：
一种风靡全
球的新型社
交方式

210

图 8.2　表情符号翻译的谚语格言

　　但是，值得注意的是猴子的表情符号——这有可能引起争议，毕竟谚语通常年代久远且常有宗教隐含意义。但目前尚未出现任何争议，可能是因为表情符号自带卡通属性，对于习惯了卡通风格读写模式的人们有一种独特的吸引力。事实上，研究小组在网上找过针对此条谚语的批评性回应，但没有发现值得我们讨论的观点。

　　上文中的例子还是比较容易理解的，但在多个网站上找到的图 8.3 这条短信就有一定的理解难度。但有助于我们理解的是，对话的起因以文字形式出现在对话顶端，即"兄弟，我们去抢银行吧"。这句话引导我们破解接下来的表情。表情以列表形式呈现出来，

很像一行行的文本或对话，代表了接受者对于抢银行
这个提议的回应，所以发送者可以很清楚地将可能产
生的后果视觉化。第一行表情按时间顺序叙述了将
要发生的事：枪（抢银行所需的武器）＋钱袋（赃物）＋
汽车（逃跑工具）。横向结构代表情节的展开，象征着
一系列事件依次发生。下面一行是一个月牙眼咧嘴
笑的表情，代表了一种不确定的态度。第三行继续呈
现接下来可能发生的事——警车会聚集在案发现场；
下面紧跟着一个皱眉头的表情，作为对警察出现的反

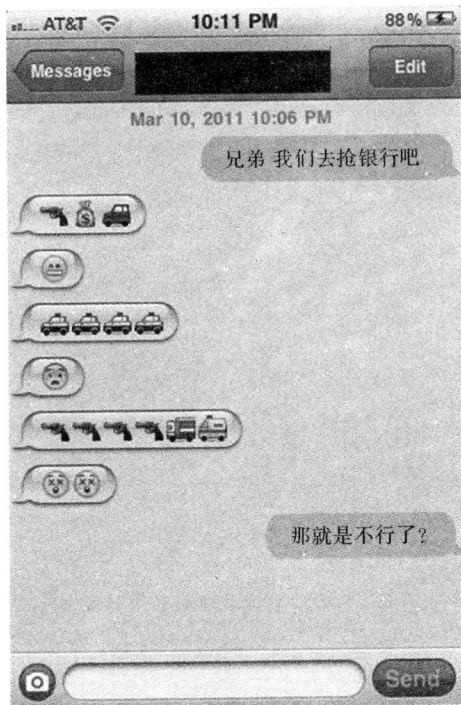

图 8.3　有关抢劫的表情符号对话

应。第五行讲述了警察到达后会发生的事：枪（抢劫罪犯和警察交火）＋消防车＋救护车（体现出这些急救车辆通常到达现场的先后顺序，暗示会有人员受伤）。最后一行表情是两个晕眩脸，表现了不安与焦虑。

对话结尾的问题"那就是不行了？"是发送者看完一系列表情后的总结。这段对话可以被破解，因为我们有文字言语的上下文作为解释性框架，帮助我们解码表情文本。如果没有这些文字，这段对话就能有各种不同的理解方式。图 8.4 中的对话也属于这种类型，同样取自某公共网站。[①]

The Semiotics
of Emoji

占领世界的
表情包：
一种风靡全
球的新型社
交方式

212

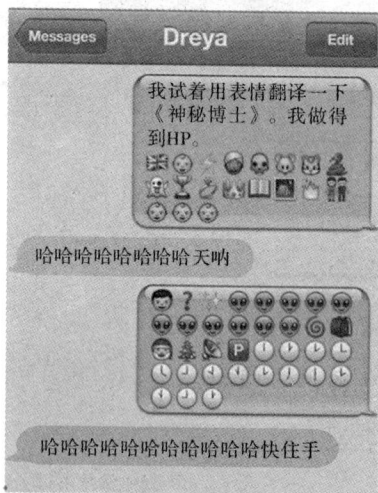

图 8.4　有文字辅助理解的表情文本

————————

① 　此处的 HP 可能是指 Harry Porter（哈利·波特），而非《神秘博士》。——编者注

发送者的意图十分清晰，即用表情符号翻译电视节目《神秘博士》（Doctor Who）。但对于不了解这档节目的读者来说，破译这段对话是超出理解范围的。短信中的一些表情可以借助发送者说明的意图推测出来，比如英国国旗（英国节目）、外星人表情（科幻题材）。但如果不了解节目，就基本无法理解钟表或其他表情的含义。单独的表情部分让有表情背景知识的人陷入各种模糊的混合义以及间接所指中。下面我们还将具体谈到，这种文本不能被全世界普遍理解，因为它需要极强的推导能力，阅读过程因此变得疲惫不堪。总之，只使用表情符号的书写形式无法成为通用交流模式；相反，它是非常专业化、需要掌握一定行话或技术语言的特殊交流形式。即便是图 8.2 的谚语翻译，它也需要读者首先熟悉这条谚语，没有类似的背景知识，读者很难读出表情文本中的深刻内涵。

表情符号翻译

在只用表情符号组成的书写实践中，将字母文本翻译成表情符号文本是一种非常有趣的尝试；在流行歌曲歌词领域，这已成为一种趋势。图 8.5 就是对流行歌手布兰妮·斯皮尔斯（Britney Spears）的名曲

The Semiotics
of Emoji

占领世界的
表情包：
一种风靡全
球的新型社
交方式

214

$Toxic$(2003)①的翻译：

这首歌的歌词广为人知，比如"宝贝/你还不知道么/我正在打电话给一个像你一样的人/你应该注意/这很危险/我正在沉迷/逃不出来……"但如果不提前知道歌词，破译这段表情文本就会比较困难，并且会产生各种不同理解。比如，读者必须知道或明白手指的表情符号所代表的代词（"你"）；婴儿的表情代替情人更需要读者掌握一定的通俗情话。我们把这段文本给几名研究对象看，让他们把它译回到纯文字歌词。当此歌发布的时候，这几名研究对象年龄尚小，所以他们对这首歌不一定熟悉。整体上，他们觉得并不难，因为他们了解情话的通俗表达方式，知道怎么用表情符号借译文字词语。但他们也错误地翻译了一些表情，或给出了些许不同的解释。因此，这段文本并不能完全忠于原意地被重建出来，即使是在有文字词语的提示下，人们也只能大概推测出其

---

① $Toxic$ 是布兰妮·斯皮尔斯演唱的一首流行歌曲，歌词原文为：Baby, can't you see I'm calling/A guy like you should wear a warning/It's dangerous I'm falling/There's no escape/I can't wait I need a hit/Baby, give me it you're dangerous/I'm loving it too high/Can't come down/Losin' my head/Spinnin round and round/do you feel me now? /Oh, The taste of your lips/I'm on a ride/You're toxic/ I'm slippin' under/With a taste of a poison paradise/I'm addicted to you/Don't you know that you're toxic? /And I love what you do/Don't you know that you're toxic? ——编者注

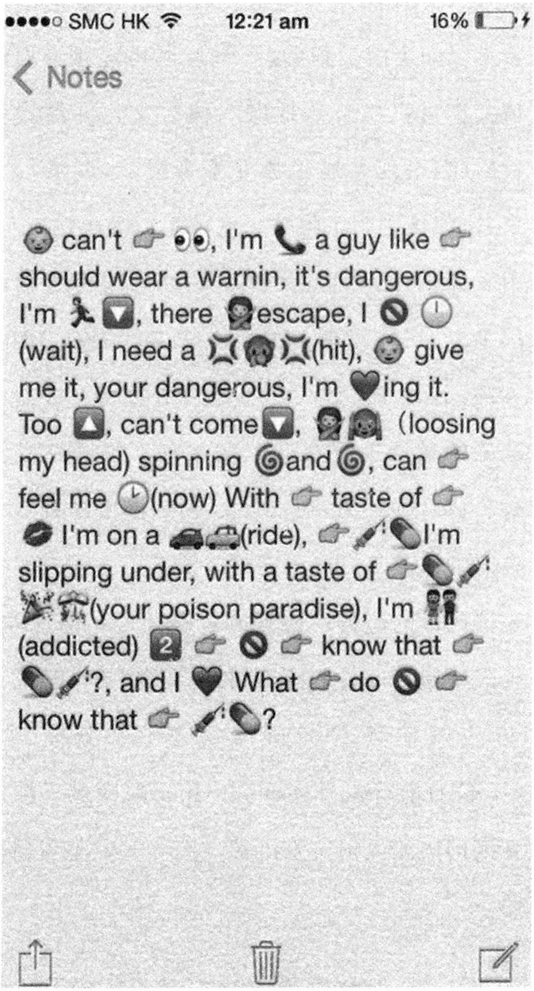

●●●●○ SMC HK 📶   12:21 am   16% 🔋⚡

‹ Notes

can't 👉 👀, I'm 📞 a guy like 👉 should wear a warnin, it's dangerous, I'm 🏃 🔽, there 🙆escape, I 🚫 🕐 (wait), I need a 💥🙆💥(hit), 😊 give me it, your dangerous, I'm 💜ing it. Too 🔺, can't come🔽, 👩👩 (loosing my head) spinning 🌀and🌀, can 👉 feel me 🕐(now) With 👉 taste of 👉 👄 I'm on a 🚗🚗(ride), 👉💉💊I'm slipping under, with a taste of 👉💉💊🎉👫(your poison paradise), I'm (addicted) 2️⃣ 👉 🚫 👉 know that 👉 💊💉?, and I 💜 What 👉 do 🚫 👉 know that 👉 💉💊?

图 8.5　表情符号版的 *Toxic*(2003)

基本意思。

　　研究对象小组表明,破解上述文本相对简单直接,即使不知道原歌词,也可以试着将表情文本翻译成文字。但并不是每段表情所代表的文本都这么容易理解；因此，人们也想知道为什么这类表情翻译越来越常见。如之前提到的，一种原因可能是卡通风格的表情文本可以很自然地融入流行文化的形式和趋势中。因此，出现上述趋势并不奇怪，一些流行文化艺术家，比如喜剧明星阿兹·安萨里(Aziz Ansari)，就因使用表情翻译而名气大涨。安萨里用表情翻译了流行歌手 Jay-Z 和坎耶·维斯特(Kanye West)的著名歌曲 *Niggas in Paris*。安萨里网站的高点击量证明这首歌词的翻译大受欢迎。现在有不少网站紧跟这种流行趋势，比如 Emojisaurus.com，提供各种流行用语的表情翻译。

表情翻译的趋势已渗透到社会文化的各个层面，并不仅限于流行文化。举例来说，2016 年，巴拉克·奥巴马的国情咨文演讲就被英国《卫报》(*The Guardian*)的推特账号@emojibama 翻译成了掺杂着少量文字词语的表情符号讲稿。图 8.6 就是表情翻译的节选。

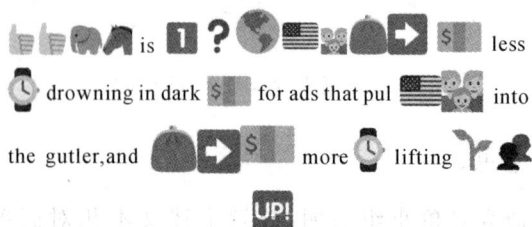

图 8.6 奥巴马国情咨文演讲表情版

虽然这段文本的破解仍然有难度,但还是要比整首歌词的表情版容易理解,因为歌词明显要求读者有更具体的知识。文本中的文字词语使阅读更加流畅,起到了标点符号的作用,像在传统文字阅读中的逗号一样,时不时让眼睛休息一下。但是,我们在查看了一系列整理重要讲话或演讲的网站后发现,表情符号翻译版仍不是主流。目前,它还只是一时风靡,符合混合书写制造并内含的卡通风格效应。

对于文学文本的表情翻译来说,阅读难度会大幅度上升。第一本有表情翻译的文学作品是《白鲸》(*Moby Dick*),由弗莱德·柏仁森(Fred Berenson)于2009年发表,名为《表情版白鲸》(*Emoji Dick*),开篇第一行如图8.7所示。首先,我们就算不参考原著,也知道这句话有多种理解方式。我们可以把表情翻译版作为基于原著的卡通版再创作。之前几章已提到,与传统读写及文学形式相比,表情符号文本具有反霸权的寓意。用电话的表情符号代替"叫"(call)很有意思,因为这是一种过时的诠释,它虽然把"叫"的意思翻译出来了,但所用的表情与原著的所属年代不符。

☎ 🧔 ⛵ 🐋 🎣

Call me Ishmael.

图8.7 《表情版白鲸》第一句:叫我以实玛利好了

帆船和鲸的表情也很卡通，使小说标志性的第一句有一种漫画的感觉，读上去幽默轻松，与文字版开头的严肃口吻完全不同。

就连小说名的翻译——《表情版白鲸》，也看起来像是在开玩笑。对于《白鲸》的传统读者来说，这不是一种无心且轻松的诠释，反而贬低了理解原著所需的批判性思考，用卡通的形式将原著的深刻内涵轻描淡写了。但从另一个角度来看，这种生动诙谐的形式或许能吸引到新一代的读者，适应表情风格的年轻人也许会因此对这部作品产生兴趣。

The Semiotics of Emoji

占领世界的
表情包：
一种风靡全
球的新型社
交方式

218

柏仁森还发起了一项"表情符号翻译计划"，旨在用表情翻译各种图书。或许存在一种翻译方法，可以不牺牲原作的严肃内容、完整真实地将原作翻译成表情，但我认为，考虑到表情符号的性质，这样的完美方法是不可能实现的。另一个值得讨论的表情符号翻译作品是设计师兼作家乔·黑尔（Joe Hale, 2015）所做的路易斯·卡罗尔的名著《爱丽丝梦游仙境》。黑尔用这一串表情结构体开篇：反手向下指＋兔子＋大圆圈，表明爱丽丝在兔子洞的旅程。公主的表情符号代替爱丽丝，张着嘴的微笑猫脸代替柴郡猫，大礼帽的表情代替疯帽子……作品中的每个角色都尽可能地用恰当的表情符号代替，最大程度地还原卡罗尔书中的人物形象。

我们会立刻注意到，以上表情文本的密度基本让

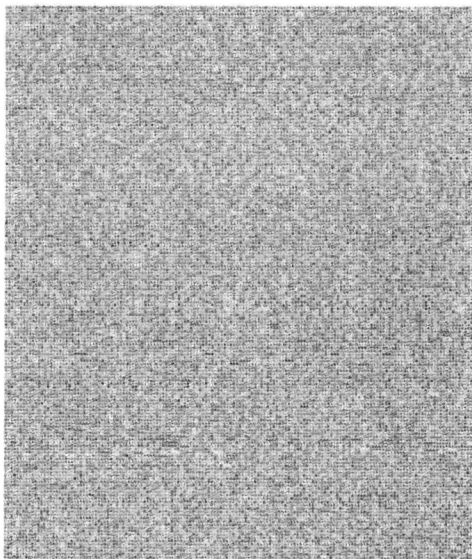

图 8.8　表情符号版《爱丽丝梦游仙境》

人无法阅读，如果不参考文字版本的原著，完全无从下手。破译该文本难如登天，因为其中有许多我们称之为视觉干扰的元素。谈到这个问题，黑尔在其网站上相当巧妙地做出了回答。他指出，卡罗尔的原著就是基于人类想象力的叙事性作品，因此，他的翻译能"从视觉上帮助人们激发想象力、构建仙境一般的神奇世界"。不得不说，这个目标值得赞扬，但它仍然会让我们困惑，因为如果我们能"阅读"这样的文本，那么发挥想象、设想一些复杂概念一定也不在话下。然而,这部作品与《表情版白鲸》不同,可能会更吸引读者,因为原著的阅读对象主要是儿童。黑尔还翻译了J. M. 巴里(J. M. Barrie)的《彼得潘》(*Peter Pan*),取名为《梦幻岛》(*Neverland*)。他声称灵感一部分源自心理学家荣格(Jung)的原型理论,即原始图像是人类集体无意识的一部分,通过各种符号形式表现出来。但是,我们很难从上面的表情翻译文本中感知到这种所谓的原型形式。当研究对象看到这部作品时,反馈主要有两种:第一,每个人都因其视觉复杂性而目瞪口呆,因为如果想看懂,"需要花太多时间和精力";第二,更重要的是,一些研究对象认为这种形式破坏了原著,他们小时候读过的版本用图片作为辅助说明,而不是完全替代文字。

　　总之,对于这种翻译形式是否会继续普及并成为主流,我们仍然需要保持观望态度。因为破译需要大量努力,并且表情符号无法深入挖掘严肃内容,所以我的观点是这种翻译形式并不会流行起来。

广告中的表情

　　广告或许是表情符号传播最有力且有效的领域。在我写这本书期间,达美乐比萨(Domino's Pizza)在推特上用表情符号做了一次广告,推广他们"用推特下单"的服务。广告如图 8.9 所示。

The Semiotics of Emoji

占领世界的
表情包:
一种风靡全
球的新型社
交方式

220

图 8.9　达美乐比萨广告

破译广告相对简单,因为主要的视觉焦点是切成片的比萨以及这些比萨怎么被分着吃掉。文字版的解释可以是"想吃比萨?来吃几片吧!"或其他相似表达。事实上,视觉符号生成的含义可以用语言文字通过近义词效应解释清楚。一行文字标语只需一种文字解释,但一行视觉符号标语恐怕能带来几种不同的文字解释。

类似的广告形式在品牌广告界不断涌现。麦当劳(McDonald's)甚至把表情符号转化成人物角色,如图 8.10 中其所做的某广告所示。

这里使用的概念性隐喻非常直接,即人就是表情符号。实际上,麦当劳这则广告的名称就是"每个人都是表情符号"。这是否在尝试吸引沉浸在移动设

图 8.10　麦当劳的表情广告

备、短信息及社交网络中的千禧一代呢？这是否直指千禧一代对朋友间持续联络以及永恒阳光①的渴望？

　　我们请研究对象中的"千禧一代"评价麦当劳这支主要在欧洲传播（尤其是法国）的广告。这些成员出生于 20 世纪 90 年代中后期，因此满足"千禧一代"的定义。几乎所有研究对象都觉得"这是个玩笑"。许多人甚至讽刺或批评广告风格，认为这是一种为了吸引注意力而耍的不必要的花招。有些人觉得这样做"很烦"，还顺便提到了其他几种让人反感的广告趋势。两名研究对象告诉研究小组，《赫芬顿邮报》（*The Huffington Post*）英国喜剧版曾在其网站上针对麦当劳的这次广告做了一次"反广告"回应（反广告是指讽刺或批评真实广告或广告活动的形式），见图 8.11。

———————————————

① 该广告灵感取自于电影《暖暖内含光》。——译者注

good times.

图 8.11　表情版的反广告

　　然而,在一些其他例子中,我们很难看出广告中的表情符号给相关公司带来了什么明显的好处。比如图 8.12 是 2016 年雪佛兰推广雪佛兰克鲁兹车型的广告,读懂其中的意思显然很难。

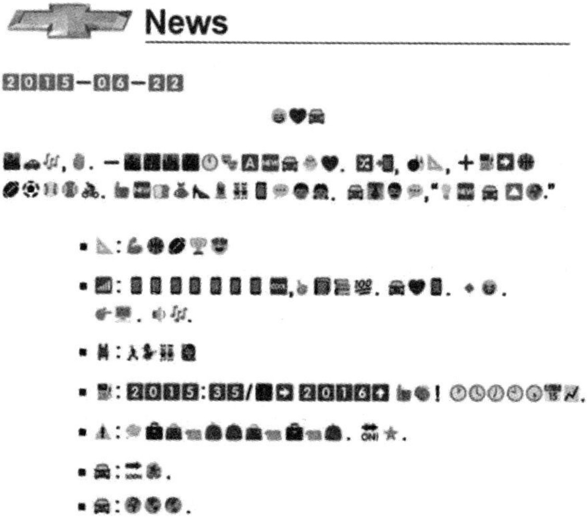

图 8.12　雪佛兰的表情符号广告

我们让研究对象把这条广告翻译成文字。有些人之前看见过它,但基本上所有人都觉得把它翻译成文字很难。但是,有些人认为这条广告的主旨只是想让人体验一种有车的感觉,"观看"这些表情从上到下试图呈现的体验就够了,比如带着孩子兜风、打包开车去旅行等。表情文本暗示着某个主题或思想,而不是详尽地描述特定场景。

图 8.13 中百威啤酒的广告也表明,表情符号的暗示性或启发性值得人们利用。它重新设计了美国国旗、庆祝 7 月 4 日的美国国庆节,用烟火的表情符号代替"星星",啤酒杯的表情代替"条纹"。

The Semiotics of Emoji

占领世界的
表情包:
一种风靡全
球的新型社
交方式

224

图 8.13　百威的表情符号广告

这个广告直接让人联想到安迪·沃霍尔(Andy Warhol)系列丝网版画的艺术技巧,即类似国旗的物品被反复复制,从而反映出其流水线一般的制作过程。的确,许多类似的广告都在模仿波普艺术,体现出一种拼凑(pastiche)风格。市场推广领域甚至自发地扩充了表情符号,摆脱了统一码体系预设的各种限制。现在还出现了品牌定制版的表情键盘以及贴纸广告活动,使品牌能以更个性化的方式吸引消费者。有趣的是,沃霍尔在投身探索波普艺术领域之前,曾是鞋类广告的设计师,这使他能够捕捉商品中的文化含义,之后在绘画作品中将其表现出来。波普艺术运动正是受到了商品大规模生产及消费的启发。虽然此类艺术作品看起来夸张荒谬,但许多人还是很喜欢这种艺术形式,不在意这类作品的争议性或粗糙感。表情符号广告也是顺势而为。一些艺术家把啤酒瓶、汤罐、连环画、路标等类似物品复制到绘画、拼图或雕塑中,另一些则直接将对象本身融入他们的作品。正如霍夫曼所言:

> 波普艺术,就像广告一样,对概念本身的兴趣超过其表现方式。它利用每个人生活中常见的物品,那些身边稀松平常、平淡乏味、大规模生产的商品,那些你会用且喜欢的东西。波普艺术家不是因为没有其他东西可画才瞄准这类物品,他们恰恰是希望以此表达一种观点或态度。

早在 1913 年,法裔美国艺术家马塞尔·杜尚(Marcel Duchamp)就设计了一款只是倒过来的自行

The Semiotics
of Emoji

占领世界的
表情包：
一种风靡全
球的新型社
交方式

226

车轮子,并称之为雕塑作品。他认为只要艺术家宣布某物是艺术品,那么生活中常见的任何物品都能成为艺术。杜尚之后还做了瓶架、雪铲以及最令人反感的小便池。20 世纪 60 年代早期,杜尚和其他一些支持"达达运动"的成员通过一个名为"激浪派"(Fluxus)的国际艺术家组织分享彼此对艺术的看法。就像达达主义者一样,他们试图消除艺术与生活之间的屏障,让无序与随机指导他们的艺术作品。达达运动推动了波普艺术运动,后者将消费品带入了艺术王国。表情符号广告无疑也是波普艺术文化潮流的一部分,融合不同艺术媒介,形成一种拼凑混搭的艺术含义。

如研究对象所指出的,上文中的麦当劳广告也是达达艺术风格的作品,本身具有一定的夸张色彩,同时也凸显出我们所处时代的荒谬和浮夸。百事(Pepsi)的推特广告也是另一个波普艺术卡通风格的例子。这条信息包含了一个表情结构体:酷＋渴＝百事＋开心(见图 8.14)。

图 8.14　百事广告中的表情符号

阅读成本

　　本章的讨论最终指向对人际交流内在原则的思考——书写体系的发展方向是减少人们所需的努力，从而更快、更有效地创造并理解文本。如果只用表情组成的文本要耗费太多精力，那么就体现出上文中提到的反转原则，即这种书写形式无法长久存在。即便我们只是粗略地浏览一门语言的古文，都会发现在任何交流符号中，省时省力都是首要原则。比如，我们只需要读一页乔叟或莎士比亚的作品，就会明白当时的英文写作理解起来非常费力。

　　法国自然语言学家安德烈·马丁内认为，一般来说，语言会随着时间的推移而演变进化，使人际交流更方便省力。马丁内援引威廉·德怀特·惠特尼（William Dwight Whitney）的观点，并指出复杂的语言结构和形式会逐渐减少。1984 年，法国学者纪尧姆·费雷罗（Guillaume Ferrero）进一步阐释了这一原则，在一篇论文中列举了之前有关语言进化中简约现象的不为人知的事实。发明了分型几何学的伯努瓦·曼德尔布罗特对这条原则的启示意义十分着迷，在其中发现了生物学所说的"缩小法则"。

　　如今，表情符号书写可以明显提高书写实践的经济性，因为每个表情都能代表许多细微含义，而同样的含义换作文字语言的形式则要耗费许多笔墨（同义词效应）。此外，它也使我们的阅读体验更加高效，因为表情能直接且综合地"呈现"含义。但类似上文讨论过的纯表情文本及翻译就有悖于这个原则，需要我们花费大量精力阅读。因此，这种书写形式不会广泛传播。我们询问了研究对象，问他们是否觉得类似《表情版白鲸》这样的表情小说会流行起来。所有人的回答都是否定的。大部分人认为，表情符号无法取代文字在精雕细琢的文学作品里的深刻含义。但是也有一些母语为中文的研究对象认为，视觉语言可以表达字母文字的全部含义。一些人还提到，图表与表情符号非常相似，因为数学家和科学家可以把许多关键信息压缩到这样的视觉形式中。这个较为复杂的答案肯定来自大学生，但也反映出每个人对于网上各种信息书写形式以及图形元素（表格、图表等）的不同理解。

另外，研究对象认为，阅读像《表情版白鲸》和表情版《爱丽丝梦游仙境》这样的文本非常奇怪，因为需要花许多时间和精力。他们还表明自己不会以这种方式写作，不仅因为要花太多时间编写，更因为没有人愿意花精力阅读。一个学生说："表情符号很有用，因为很省事。"换句话说，短信是使用表情符号的绝佳土壤，因为在这样的场景下，表情不会消耗太多精力，反而会以更经济、更有效的方式表达语气以及细微含义。所以,依照最省时省力的原则,表情符号的混合书写似乎才是会在未来持久存在并不断普及的形式。

表情能用来保持积极情绪的目标使它成为一种有使用价值的符号。谈到这个问题时,研究对象提到了以下几点:

(1)是的,我用表情符号是想维系和朋友们的友情。

(2)我想让我发的信息有趣、好玩一些。

(3)如果朋友生我的气,我就会给他们发表情让他们笑一笑。

(4)我们吵过架后,我会给他发有好多表情的短信,告诉他我还爱他。

(5)我发的短信,开头和结尾都是微笑脸,因为我想确定朋友会喜欢我,不管我要跟她说什么。

(6)我不知道,我就是喜欢用表情。之前我更常用"lol"(哈哈大笑)或者"see u"(等下见),但我现在只用表情,表情能帮我传达更多东西。

(7)我喜欢发表情,它们比"lol"(哈哈大笑)或"love u"(爱你)更好,这些缩写早就过时了。

(8)是的,表情更有意思一些,比"lol"(哈哈大笑)更友好。

最后三个观点尤其值得思考,因为它们表明,线上写作中出现的缩写形式可能已经过时了。"netlingo"(互联网词汇)一词是由大卫·克里斯特尔

The Semiotics of Emoji

占领世界的
表情包：
一种风靡全
球的新型社
交方式

230

在 2006 年创造的，指的是缩略紧凑的英文书写形式，比如"How r u?"指"How are you?"（你好吗？）；"g2g"指"Got to go"（该走了）等。这种形式提高了效率，节省了体力，因为减少了手在键盘上的操作。克里斯特尔把它称为"节省按键原则"。大部分互联网词汇都不区分大小写，随意使用大写或完全不用大写皆可。早在公元前 4 世纪，古希腊人就开始使用缩写，缩写随后逐渐演变为一种速记法，即速记术。公元前 60 年，古罗马奴隶堤洛（Tyro）发明了一种速记法，明显是为了记录西塞罗的演讲。学者们及科学家们始终使用各种各样的缩写，方便彼此间的交流，让语言运用更加精确，比如 etc.（等等）、et al.（等）、N. B（注意）。由此可见，缩写体现了较高水准的专业读写能力。另外，我们还会简化朋友和家庭成员的名字，比如用 Alex 代替 Aelxander；日常用语，比如用 TGIF 代替 Thank God it's Friday（感谢上帝今天是周五）以及一切我们熟悉的人或物。

历史对互联网缩写词的趋势有一定影响，但除此之外更重要的是，这些形式在线上传播、融入人际交流且逐渐向线下转移的速度和范围，塑造了互联网用语的发展。人们期望电子邮件、短信或其他沟通类似形式更高速、高效，无论这些形式是同步的还是异步的。从逻辑上说，缩写词可以满足人们的期望，因为人们可以更快地回复发送者。表情符号恰好出现在这样的大环境下，代替缩略形式的互联网语言。表情符号也出现在键盘上，它们比缩写语更能体现"节省按键原则"，因为毕竟缩写语仍然需要按几个键，而表情符号只需要按一下，选择所需的表情即可。

Universal Languages

第九章
巴别塔建成的那天

通性使个性具有存在的意义。

——柏拉图（公元前429年—公元前347年）

　　轻松方便的表情符号在全社会不断传播，使人们必须更加严肃地看待它。起初，发明表情符号的创作者有一个十分高尚的动机，即帮助来自不同语言及文化背景的地球村居民更好地沟通交流。达成这个重要目的的前提是通用的视觉性，这一点在如今这个时代仍然合理，正如书写体系的历史表明，图形书写由来已久，比字母文字书写更容易被人理解，且经得起时间与文化的验证。然而，这一目标虽然值得肯定，但时至今日仍然未能实现，就算表情符号在数字时代已经成功占领了交流沟通领域的一席之地，能让人们在非正式交谈中保持友好善良的口吻。表情符号还传播到了其他领域，比如广告行业及政界；这种传播是策略性的，而不是自然进化的。广告商、政客、流行明星等把表情符号当作与特定群众建立联系的纽带，并以此树立自己友善、可靠、新潮的形象。如果表情符号真的成了一门通用语，它便不能因为不同用法而变得支离破碎，或者因为文化编码而花样百出。

尽管表情符号已有各种变体（如之前章节讨论过的），但如果人们真能发明一种通用语，那么表情符号会对通用语的形式有所启发。首先，这种语言有可能包含表情符号这样的图形词汇；其次，它应该方便阅读，而不是妨碍阅读。这再一次说明了混合书写具有更高的通用价值，因此会被人们继续使用；但纯表情书写不太可能普及，因为读者需要花费大量时间和精力读懂其含义，因此纯表情书写的通用性较低。

总的来说，在通信全球化的大背景下，表情符号运动的出现势必能产生深远的影响。与其他通用语言运动不同，比如世界语，表情符号现象起源于一种加强沟通的愿望，即帮助说不同语言的人更好地沟通，而不是彻底取代某种自然语言。从这一点来看，表情比任何人工语言都有更广的适用范围，因为它不会威胁到语言的多样性，也不会强迫使用者像学一门外语一样从零学起整个通用体系。使用表情符号并不需要特殊的训练。但这一图形语言的实验是否会持续下去呢？随着通信体系在数字时代的迅猛发展，

占领世界的
表情包：
一种风靡全
球的新型社
交方式

236

表情符号有可能只是昙花一现，仅仅触及人们漫画书或卡通风格的思维模式，因为这种思维模式代表了所有人际交往中的流行文化。同时，这也表明在数字时代，将会出现越来越广泛的混合形式。作为一种非正式符号，表情符号的确有可能继续普及并形成体系。最后一个问题将在本书最后一章进行深入探讨。本章的目的是探寻以往通用语实验的本质以及表情符号运动在这些试验中的位置。

语言是创造出来的

语言可以反映社会境况（包括不平等的社会问题），全世界普遍认为说不同语言制造了"我们"和"他们"之间的区别，进而导致了潜在的误解与冲突；因此，许多人幻想能创造一种通用的人工语言，这样所有人都可以说同一种语言，畅通无阻地进行沟通，从而避免不同历史及文化传统通过语言引起任何不公平的社会问题。创造一门通用语的理念是非常值得称赞的——的确，如果所有人都说同一门语言，那么文化差异造成的误解将会减少，文化与经济纽带将更加紧密和谐，国家和人民也将受益良多。

据推测，勒内·笛卡尔（Rene Descartes）是第一个在 17 世纪提出创造通用语言的人。当然，对"完美语言"的追求可以追溯到更久以前，一直到《圣经》中记载的巴别塔的故事——人类妄图建造通天塔，上帝发现之后，惩罚人们说不同的语言，这样他们就无法理解彼此，也就无法继续建造这座塔了。令人惊讶的是，自笛卡尔首次提议创造世界通用语以来，世界上已出现超过 200 种人工语言了。17 世纪的神职人员约翰·威尔金斯（John Wilkins）写过一篇文章，指出真正的通用语言不会制造任何歧义。1879 年，德国牧师约翰·马丁·施莱尔（Johann Martin Schleyer）发明了沃拉匹克语（Volapük）。这是世界上第一种人造语言，并获得了不小范围的传播。这门语言的名字由两个单词——"世界"及"讲话"拼合而成。

如今，只有世界语（Esperanto）是人们尚在使用的人工语言。众所周知，世界语是由波兰医生路德维克·柴门霍夫（Ludwik Zamenhof）创造的。1887 年，在其著作《世界语》中，柴门霍夫解释称，世界语的名字取自他的笔名，即"Dr. Esperanto"，含义是"充满希望的人"。世界语的结构简单、一致，比如形容词以"a"结尾、副词以"e"结尾、名词以"o"结尾，"n"跟在用作宾语的名词后，名词的复数形式以"j"结尾。世界语的核心词汇主要由印欧语系的词根语素构成。这句话就是用世界语写成的——"La astronauto, per speciala instrumento, fotografas la lunon"，意思是"宇航员，用一种特殊设备，拍摄月球"。由此可以看出，世界语以印欧语系为基础的事实已经限制了它的通

The Semiotics
of Emoji

占领世界的
表情包：
一种风靡全
球的新型社
交方式

238

用性,尤其是对于讲非印欧语系语言的人来说,这个问题更加明显。它与拉丁语系语言(比如西班牙语)非常相似,所以讲拉丁语系语言的人更容易明白世界语的含义;但这也就构成了对这些语言的偏袒,降低了它的通用性。

　　世界语在设计之初有意避免任何形式的语言分裂,如柴门霍夫描述的,世界语不受任何干扰,它的语法及词汇不会出现任何形式的变体。然而,有关柴门霍夫的研究表明,十分讽刺地,世界语正在经历变化,起因是简单应用造成的外部干扰。例如,本杰明·伯根发现,即使在第一代世界语使用者中间,世界语的语法结构显然也经历了简化以及多样化。我们对此就不展开具体细节了,重点是世界语在使用中发生了变异。据推测,世界语的使用者从 10 万人增加到了 100 万人。我们很难确定使用者的确切人数,因为不存在专门的国家或地区只使用这门语言。事实上,柴门霍夫并不想用世界语取代任何一种自然语言,他认为世界语可以用作一门通用的第二语言,为来自不同语言背景的人们提供一种新的混合语。今天,世界语还在不断吸引使用者(更确切地说是追随者)。1908 年,国际世界语协会成立,在近 120 个国家设有分会。世界语在古巴有专门的广播节目;一些杂志也是用世界语出版的,比如最早在比利时发行的 *Monato*;此外,有些小说家也用世界语写作,比如匈牙利作家尤利·巴基(Julio Baghy)及法国作家雷蒙·史华兹（Raymond Schwartz）。然而，目前还没有证据表明，人们在线上交流中使用世界语作为一种混合语。

在中世纪的欧洲，为了进行具体的读写实践，拉丁语曾被视为一门通用语言，因此几个世纪以来，欧洲的神学家、学者、科学家用拉丁语进行交流。不久之后，法语取代了拉丁语，lingua franca（通用语）一词也因此得名。今天，基于英语在各种跨文化交流中的普遍应用，它已成为最新的通用语（可能把其英文名改为 lingua anglica 更为准确）。

此外，人们还发明了一些语言满足艺术或叙述的需求，而不是为了普遍交流。这些语言是由作家创作出来的，比如 J. R. 托尔金《指环王》系列小说中的昆雅语以及辛达林语，电视节目及电影《星际迷航》中的克林贡语。这些语言都很有意思，因为它表明了人们可以模拟自然语言的语法及词汇，创造人工语言。因此，无论在历史进程中演变而成的自然语言，还是为了具体需求人为构建的人工语言，所有语言都反映出了十分类似的结构。有时，人工语言有意指向自然语言中的缺陷。著名的刘易斯·卡罗尔在他的《无聊的文字游戏》中就发明了自己的语言，表明英语语言并不能完整地展现有关现实的一切。于是他创造了以下词语，填补他所认为的语言空白。需要注意的是，这些词语符合英语惯常的音节及语法结构：

The Semiotics
of Emoji

占领世界的
表情包：
一种风靡全
球的新型社
交方式

240

brillig——下午做晚餐的时间;slithy——光滑并积极;
tove——一种长着柔顺白头发、长后腿、像鹿一样的短
角的獾;wabe——小山一侧。

另外还有许多人工计算机语言,用于写计算机算
法,比如 Interlingua;对此我们不做过多讨论,因为它
们有比较专业的用途。但这些语言本身非常有趣,因
为它们试图抽丝剥茧,把人类语言的精髓聚合在结构
核心,前提是这个核心代表着人类语言的蓝图。然
而,继续展开解释有可能使我们偏离目前的研究主
题,这里就不详细讨论了。

与世界语及类似语言不同,表情符号由能代表各
种概念的图形文字组成,并且这些被代表的概念也能
在文字语言中找到对应的词汇形式。但是,表情符号
在朝着通用视觉或符号语言发展吗?在回答这个问
题之前,我们先来简单了解一下莱布尼茨的"通用语"
理论,以此作为回答这个问题的理论框架。莱布尼茨
提出的这个术语可以被恰当地英译成"universal
character",即"通用语"。他相信,我们可以开发一套
通用视觉符号,从而明确无歧义地表达常见的哲学、
数学及科学概念。因此,他的目标是使技术交流更轻
松、更准确。构造方法应该以表意单位为主,以汉字
为基础,至少莱布尼茨时代的欧洲人是这样理解的。
尽管莱布尼茨批评为了日常实践发明通用语的种种
尝试,比如上文中提到的威尔金斯,但当时经济科学、

政治关系的全球发展使他的计划看起来意义深远,预示着未来互联网时代的到来。他坚持认为,他提出的体系是为了让数学及科学概念更加精确,不被语言的变幻莫测所干扰。

跟我们目前讨论十分相关的是,莱布尼茨想让他的符号更"自然"而不是更"传统"。他用图表展示出了他脑海中的"自然符号",比如放在著作《论组合术》卷首插画中的图像,每一个都代表亚里士多德所说的组成世间万物的基本元素——土、水、气、火。显然,这是一种混合的呈现形式,由单词和相应的图形构成(见图9.1)。

The Semiotics
of Emoji

占领世界的
表情包:
一种风靡全
球的新型社
交方式

242

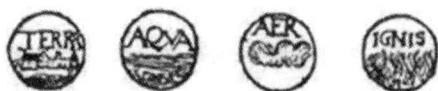

图 9.1　莱布尼茨的图表

科恩曾一语中的地指出,莱布尼茨的语言基于三个主要标准,这三大标准也可以用来定义任何一门通用语的必要属性。这三大标准是:

(1)必须能够用作"国际辅助语言",使说不同语言的人可以顺畅交流;

(2)必须带有一套可以接纳未来知识变化的符号体系;

(3)必须是一种展示了基本概念的工具。

如果我们用以上三条标准衡量表情符号,那么表情符号的确有发展成通用符号的潜力。首先,表情必然是一种辅助语言,因为它可以用在任何语言的任何书面文本中。但是与"普通语言"不同的是,表情是一种特殊的辅助语言,主要应用在非正式沟通中。第二,表情可以被修改、放大、构建,从而满足未来的需求,但这些改动有可能拆解表情符号,降低它潜在的通用价值。第三,毫无疑问,表情符号肯定是可以展示基本概念的工具,针对这一点,我们无须再重复讨论了。

布力辛博语

或许只有查尔斯·布利斯的项目及他发起的表意文字运动才称得上是为国际交流带来深远影响的通用语项目。据说,布利斯在中国生活时,对当地商店的招牌很有兴趣,但他错误地认为那是表意文字。之后,布利斯学会了如何阅读中文,加上后续的练习,他最终意识到自己并没有用中文逻辑进行阅读,而是通过母语(德语)进行概念上的过滤。这段经历使他备受启发,之后他开始以莱布尼茨的体系为基础,发明自己的图形文字体系,试图打造一套每个人都能轻松理解的通用书面交流符号。

他开发的符号系统叫作"布力辛博语",因为这套系统能带来真实的效果,所以也引起了心理学家及教育者的注意。1965年，加拿大某个教育中心用布力辛博语成功地教会了患有脑瘫的孩子如何读写。布利斯本人认为这是一种错误的实践，他尖刻地批评了这个教育中心，但尽管如此，他发明的符号还是被纳入了各种治疗性的临床教学中，用来医治有学习困难的孩子们。尽管布利斯反对，但实例证明他的书写体系是一种值得关注、极其有效的教学工具。

现在，布力辛博语由2000多个符号组成，这些符号可以被搭配组合，生成无数种新符号和表达结构。相比之下，这些符号和表情符号有许多相似或同行的特征，但这两者也有根本区别。最主要的是，布力辛博语系统的初衷是设计一款在全世界各地都能使用的文字符号；换言之，布利斯有意用布力辛博语代替现存的自然语言。表情符号的设计目的并不是取代这些语言体系，而是从视觉上辅助文字语言，使说不同语言的人能畅快交流。另外，考虑到表情符号应用中出现的种种变化，表情符号正在变成一种"表观遗传语言"，即由使用者和具体应用塑造的语言。但布力辛博语却不受外部变化及压力的影响。

布利斯的符号系统出现在一个国际交往及通信正在不断发展的时代。在这个时代背景下，许多人相信，为了方便全球交流，我们需要一种以符号为基础的新语言。对一些人来说，布力辛博语完全符合需求。理论上,布力辛博语不应受到任何表观遗传性的干扰。布利斯在上海的时候获得了灵感,决心开发他自己的语言系统。那时的他对汉字十分着迷,并发现自己可以理解其中大部分含义。布利斯请了一个老师,所以他能证实自己对于字义的猜测,也能学到更多汉语知识。尤其值得我们注意的是,他发现无论一个中国人说什么母语或方言,总能读懂汉字文字文本的意思。他还意识到,自己对于文本的理解是基于德语或英语的。因此,他得出结论,用图像符号构造的通用语适合国际沟通,也可以被翻译成任何文字语言,因此为各种各样的书写任务提供了通用的符号代码。布利斯坚信这样的书写形式会优于表音文字并取得最后的胜利。带着这样的信念,布利斯在 20 世纪 40 年代开始开发这套系统。

布力辛博语与莱布尼茨提出的通用语类似,用一套小图形或图像符号代替文字;这些符号可以代表可见物品及想法的大致轮廓,就像几何或其他数学实践那样。然而,所有这一切都基于一个假设,就是语言的语义有一套通用结构,但具体的表现形式有所不同。如果能将语义结构与语义形式通过一套常用的符号统一起来,真正的通用语就能诞生了。布利斯发明的"表意文字"(semantigraphy)也指向了这一事实。他第一本相关著作的超长标题也基本概括了他的意图:

国际化的表意文字：所有语言可读的非字母符号书写系统。适用于一般性国际交流、特别是针对科学、工业、商业、交通等领域及语义教学的实用工具，以表意文字及化学符号原则为基础。

布利斯在书中表明，任何人都应该能读懂这套符号，不管人们的母语是什么。显然，他的系统迅速得到了数学家及逻辑学家的赞扬，比如伯特兰·罗素（Bertrand Russell）。这些支持布利斯的学者们本身也曾试图开发通用的逻辑符号系统，从而表达各种语义概念。布利斯起初赞同这种做法，但随着 20 世纪 50 年代末、60 年代初旅游业的蓬勃发展，他调整了一些观点。在其著作的后续版本中，他意识到图形符号可以为说不同语言的人搭起更广义的语义桥梁，而不是提供了一门完美的语言。然而，除了逻辑学家以外，也有许多人很抵制布利斯的系统。尽管布利斯曾表达过反对意见，但布力辛博语被用来成功教会脑瘫儿童阅读并书写表音文字的事实，也为布利斯提供了足够的辩护。他希望这套系统可以继续传播，被世界上更多的学校采用，用来教育有各种背景的孩子们。但跟蒙特梭利（Montessori）方法一样，布力辛博语只吸引到了一部分老师的注意，这些人想走出传统的课堂教育模式，采用一种更有效的教学法教授读写。因此，这个系统受到了一定的限制，没能在教育界广泛普及。据估计,目前有 30 多个国家和地区使用布力辛博语。

目前,布力辛博语由几千个表意文字符号构成。它们都是些简单易写的基本形状,可以被搭配组合创造出无数种表达形式。说任何语言的人都可以拿它们来造句。图 9.2 就是一些基本的布力辛博符号。

图 9.2　布力辛博符号

247

有趣的是,有些符号看上去类似表情符号,比如心形符号表达爱与幸福,房子的基本形状代指不同形式的居住场所。布利斯将他的符号分为三大类:物品、能量(动作与活动)以及人类价值。对应到自然语言中,这三类在语法上分别指名词性实词、动词及形容词。在布力辛博符号中,语法功能用特定符号表示,比如正方形、圆锥体和倒置的圆锥体。它们被放在语义符号的上方,代表词性的分类,比如物品、动作或价值。布利斯称,这些符号反映了人类感知,比如,正方形的符号表明某物质的结构是系统的,不是随机的。显然,表情符号中不存在类似的语义标记；表情通过在文本中的具体位置体现语法结构。

布利斯设计的符号具有表形和表意的双重性质：表形是指布力辛博符号可以通过视觉相似性代表某些概念，表意是指体系中的符号也可以用来表示抽象概念。此外，符号的维度和方向也会影响最终含义，这一点跟自然语言中的语素一样，比如词缀也能改变词语的意思。图9.3中的一串符号翻译成"我想去看电影"。

图9.3　用布力辛博符号构成的句子"我想去看电影"

代词"我"是由代表人的字母（立在平台上的一根棍子）和数字"1"（代表第一人称）构成的。以此类推，数字"2"代表第二人称"你"，等等。心形标志代表渴望或需求，旁边的蛇形符号（"火"）加强了这一含义。位于上方的倒锥形表明这是一个动词。第三个图形代表"去"，是由表示"腿"的基本符号构成的复合词，上方的倒锥形表示这也是一个动词。最后一个代表电影，是由房子的符号、里面的电影符号（"镜头"）以及表示移动的箭头构成的。

如果对比这个符号结构体与上一章的表情结构体，我们就会发现布力辛博符号在掌握了基本符号后更容易理解,而在由表情构成的文本中,混合性文本才能体现出理解义。

需要注意的是,2009 年前后曾有人提议将布力辛博语纳入 iSO/IEC 10646 和 Unicode 标准的通用字符集中。然而这一项提议因为多种原因未能通过。所以,布力辛博语至今没能进入数字平台,像表情符号这样普及到世界各地。除了一定的技术原因外,另一个原因可能是布力辛博语是可能会取代其他自然语言的替代性符号。这种情况显然会制造一些社会政治问题,因为每个社会都认为自己的语言是独一无二的身份象征。我们也很难想象一场可以消除所有这些民族主义态度的运动。但表情符号却不会造成这样的威胁。它是一种以增强国际交流为目的的附加型符号,受到全世界人们的欢迎。换句话说,表情符号似乎实现了布力辛博语未能实现的目标,即让全世界的人们以积极的方式、通过符号的表形语义自在地与彼此交流。

表情符号

表情符号也是一种人工符号,但它与莱布尼茨或布利斯的创作有所不同,表情符号并不想要取代任何传统的文字语言,相反,它的目标是帮助说不同语言的人增强相互理解,并给对话增加积极语气。

接下来,我们整理出了前几章讲到的表情符号特征与属性:

(1)表情符号是一种标准化的图片词汇,通常用于各种非正式的信息中,用来增加细微的语义含义、强调语气、避免潜在的歧义、表示寒暄并抒发情感。表情符号不会取代现有的文字语言。

(2)标准表情符号由统一码和其他键盘提供,其他应用程序或网站上的表情符号形式不一。它们与键盘上的字母类似,可以通过按键选择。但表情不是表音文字,而是类似表形文字的概念性符号。换句话说,表情的使用基于概念性语义,而不是字母。

(3)表情不用于语气正式或严肃认真的语境,然而,它们越来越多地出现在不同类型的文本中,比如意图威胁某人的信息。

(4)用在句尾或穿插在句中的表情符号起到了标点的作用,代替句号、逗号等。但它们的功能不局限于此,反而能增加更多的含义,超越标点符号一般具有的粗浅韵律。

(5)虽然纯表情文本正变得流行,但表情符号最常用在混合书写(文本及图片)中。然而,表情翻译却很难破译,它违反了沟通理论中省时省力的基本原则,所以不太可能广泛传播。

(6)表情符号凭借其卡通风格,给信息增添了一种幽默元素,加强了友好的语气。

The Semiotics of Emoji

占领世界的
表情包:
一种风靡全
球的新型社
交方式

250

（7）表情符号可以组成概念性结构，放在信息中的特定位置，以增强语义。它们也可以被组合在一起构成结构体，表达更广、更丰富的含义；与文字词语合用时，可以构成邻对结构。

（8）表情符号能产生"近义词效应"，将各种各样的隐含意义融入普遍且核心的意义模式或具有文化特色的意义模式中。

（9）从构成性的微观层面到分布或意义性的宏观层面，表情符号在多个层面都体现了隐喻性混合。

（10）虽然标准化组织意图规定表情符号的通用核心词汇，但在表情的使用和理解中，仍然会出现歧义以及各种困境。考虑到人类表达、诠释、沟通的具体形态，这些问题可能永远都无法被解决。

以上许多方面都使表情符号满足准通用符号的标准。之所以不是完全的通用符号，是因为它仍具有次级含义的成分，处理文化编码以及其他形式的变体。因此，如果用通用性标尺从高到低衡量表情符号的话，那么基本的面部表情具有较高的通用性，而类似高尔夫球的其他类表情则有较低的通用性。如本书讨论过的，约有 1000 个表情具有较高的通用性，但更多的表情通用性较低。不同文化对表情的需求不同，通用性较低的表情就是在这种压力下被设计出来的。

表情符号现象间接表明，歧义在任何语言、代表性或沟通性符号中都是不可避免的。统一码将歧义产生的含义叫作"附属"意义，但这种叫法并不准确，因为它们是伴随表情符号使用出现的隐含意义。表情符号的实用意义最突出，它们能构成具有隐含意义的结构，自然也会导致歧义。如果表情符号真的能被构建成一门超越变化性的通用语言，那么歧义就不应该存在。正如我们在实例中看到的，就算对于核心表情词汇来说，歧义也不能被减弱，更不要说完全清除了。某种程度上，表情符号现象能有力地证明，多样化是生活的首要原则，创造一门完全通用的语言只能是理想主义者的幻想，因为包括语言在内的人类体系不能彻底抹除多样化原则。

更准确的说法是，表情符号是日益扩大的全球文化的产物。这样的文化背景为象征主义提供了发展和传播的空间。表情符号的使用特别符合"地球村"的流行趋势。如之前章节中提到的，用表情翻译歌词就是受欢迎且有趣的例子。图9.4、图9.5是两个最近的例子。

以上例子表明，对于适应了阅读卡通及其他混合文本的社会来说，表情符号是一门完美的语言。但更普遍地说，表情符号的使用可能暗示着，"地球村"中的人们正在寻找一种能让他们生活在宁静与幸福之中的表达方式。在充斥着冲突和战争的世界里，表情符号可能是一剂对抗恐惧与担忧的良药。

言.ll AT&T 📶 6:10 PM 🔋 7% 🔋

Messages Bestfriends... **Edit**

🐝🐝 in the trap.

🐏🐏 ain't 🔺 and they ain't sayin' nothin

1️⃣0️⃣0️⃣ 📱↩👆 cain't 😲👆😖 me nothin.

👀 🐝 in the trap
🐝🐝 in the trap
👀 🐝 in the trap
🐝🐝 in the trap.

📷 iMessage Send

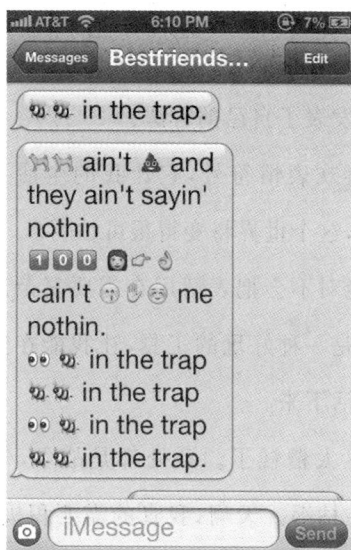

图 9.4　妮琪・米娜的歌曲 *Bees in the Trap* 表情版

To the windowwww
(/•_•)/
To the wallllll
\(•_•\)

Til the 💦 drips down my
🏈⚽🎱🎾🏐⚪⚪🎱

All deez
👵👵👵👵👵👵👵👵

Crawl.

Omfg I'm cracking up

图 9.5　说唱歌手 Lil Jon 的歌曲 *Get Low* 表情版

　　当今世界的确有许多冲突,比以往任何时期都多。在表达哲学或科学思想时,表情符号不能代替文字;但它们可以为日常的交谈增添一丝友好的感觉。

表情符号运动或许只是一时的流行，一个逃离现实恐惧的途径，下一章我们会具体讨论这个话题。三名研究对象对此发表了自己的看法：

（1）我喜欢表情符号，它让我的生活更美好。如果没有表情，这个世界将变得很可怕啊。

（2）我绝对不会把表情用在需要复杂思考的论文里。它们只是一种好玩的工具，让我能在这个充满恨意的世界里活下来。

（3）世界太糟糕了。到处都是战争，气候也在变暖，资源正在枯竭。天啊，我真的需要积极起来，不过至少我在跟朋友聊天的时候心情还不错。真的要感谢表情符号，它们就像卡通漫画的角色一样。我在用表情的时候能哭也能笑，但从来不会绝望。

*The Semiotics
of Emoji*

占领世界的
表情包：
一种风靡全
球的新型社
交方式

A Communication
Revolution?

第十章
一场交流革命

数字革命比文字或者印刷重要得多。
——道格拉斯·恩格尔巴特(1925—2013)

　　表情符号是交流革命的一部分，抑或只是昙花一现？表情是否只是让文字交流更生动的"可爱"文字而已，即使它们已被应用在包括广告在内的多个领域？我们将在本书的最后一个章节中回答这些问题，从而深刻理解使用表情符号的意义。事实上，对研究对象的采访以及为本书收集的资料已经给出了问题的答案。接下来，我们将整理所有信息、清楚明了地讨论这些话题。

　　在尝试回答问题之前，我们可以先后退一步，观察一下表情符号所处的环境——整个数字世界。有一点值得我们关注的是，正在进行的研究表明，表情符号的使用可能会对神经系统产生巨大影响,进而重塑大脑。如果真的是这样,那认真回答本章节讨论的问题就显得愈发关键。一些研究结果证明了一些显而易见的事实,比如人看到某些表情时,情绪会变化;我们会配合所用表情表达出来的情绪,改变自己的面部表情。我们会无意识地模仿表情符号。来自东京电机大学的研究团队发现,表情符号越形象,我们的大脑对它的反应就越强烈。这的确暗示着表情符号在塑造认知及意识方面扮演了重要的角色。

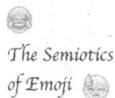

地球村

表情符号是一种表观遗传性的全球编码,也是推动跨文化交际的技术产物。有人认为,新技术带来了一种共同或集体意识,即"关联智能""地球村"或"全球大脑";这些概念与印刷时代产生的意识类型,即"个人主义智慧"相对,它的精髓包括尊重隐私、远离大众的独立思考、重视个人智慧、主张有别于权威的观点等。智商测试就是能代表个人主义智慧思维模式的完美形式,它用一套测量标准衡量个人成就。个人主义智慧也体现了所谓的"字母表效应",即字母阅读及写作越节省成本,所需的抽象思维能力就越高;反过来,这种效应也会影响有读写能力的人的意识,他们会觉得自己与众不同。我认为,在表形文字文化中也存在类似的效应。事实上,表形文字的使用者也具有字母文字使用者的许多相同的认知特征。很有可能是因为书写本身(字母、表形等)鼓励人们从部落中分离出来,把自己看作一个独立个体。

无论事实是什么,写作的确鼓励掌握读写的人将自己视为独立个体、形成一种独特的自我意识。在书写传播前,知识是少数人掌握的特权,读写能力由权势阶层把控。读写能力的增长削减了当权者的权力,因为个人可以独立阅读文本,并生成自己对内容的主观理解。

而"地球村"正不断削弱个人主义智慧所具有的特质和价值观,取而代之的是所谓的"公共智慧"。印刷时代鼓励个人阅读文本内容,而不是分享人们对内容的理解。在那个时代,读写能力成了一项权利、一种生活必需品,而不是古代或中世纪时的特权。读写能力需要人们掌握语言的规则。任何违背这些规则的行为都不会被社会接受。但在互联网时代,情况发生了变化。社交媒体上使用的语言削弱了传统读写规则的价值,各种事实证明,拼写正确及语法规范已不再是进行"恰当交流"的硬性指标了。

读写能力并没有消失或遭人冷落,相反,这表明读写的功能在后印刷时代已发生变化。它不再拥有15世纪中期到20世纪晚期时的超高价值了。15世纪之前,人们不觉得读写能力有价值或属于一项权利。

欧洲大多数人都是文盲,从未有过学习读写的机会或愿望。当时的学校很少,抄写员抄写的手稿书籍既稀缺又昂贵。无论是在农场村庄劳作,还是在中世纪的城镇经商,读写能力都不是必需的。大多数有文化的人都属于贵族、上层阶级或神职人员。印刷媒介的出现改变了一切。廉价书籍和其他印刷材料使书面文字变成记录并传播知识和想法的主要手段。因为新的工作场合及古登堡革命后建立的新社会体系都对读写提出了要求,所以学校教育也逐渐发展成一项权利,而不再是特权。

印刷技术推动了知识的全球化,从而鼓励全世界学习读写。18 世纪和 19 世纪,工业成为经济的支柱,大量的人开始向城市迁移。为了找工作,他们必须学习阅读指令并执行需要读写能力的任务。政府开始更加重视教育,公共教育体系不断涌现。19 世纪末,正规的基础教育已成为必需品。

个人主义智慧正是出现在这样的社会环境中。每个人都是独立个体,拥有不可剥夺的独立思考的权利,不受他人想法控制,不受权利体系支配(包括法律以及被广泛认可的智慧)。个人主义认为,只有个人的权利得到承认之后,文明社会才能以此为基础建立起来;而这样的集体社会除了保障个体成员的基本权利外,并没有其他任何权力。在这样的社会里,人们认为公共或集体智慧属于人类进化中文字出现前的

The Semiotics of Emoji

占领世界的
表情包:
一种风靡全
球的新型社
交方式

260

阶段。如果有所谓"集体的想法",那么他们就是每个人为了共同利益,汇集了个人思想之后达成的共识。身体和思维的所有机能都是人的隐私,它们不能被分享或表达出来。在这样的范式中,我们会继承其他个体的想法,但会将这些想法改造成我们想要或需要的样子。我们相互学习,但不会顺从任何指定的权威人物或领导。个人创造力在这样的体系中十分重要,而部落或公共形式的知识则被认为是原始落后或迷信肤浅的。

但最终,个人主义只是由社会技术力量塑造的理想。它有一定价值,但也有明显的缺陷,精神疾病就是其中之一。临床心理学因此出现,使精神与周围环境和平共处。包括精神分析、存在主义、荒诞主义、超现实主义、后现代主义等运动不能在强调集体和谐的部落社会中出现,因为它们是脱离集体之后个人主义智慧的产物。所以,我们不难理解为什么在正在形成公共智慧的互联网时代,这类运动及心理实践的影响力越来越小。在学术界,个人主义引发了许多有关身份、改变及其他相关概念的辩论及研究。如今,年轻一代更喜欢通过数字媒体与彼此联系,而不是远离群体,所以这些与个人主义相关的内容正在逐渐消退。

当互联网开始被广泛使用时,人们把它视为一个打破从众心理、自由表达个人观点的渠道。但这种观点已被证明是站不住脚的。与印刷时代截然不同的是，互联网文化建立在通过人工手段形成的公共意识的基础之上。生活在一个社交媒体的世界里，我们的确会觉得这是我们唯一的选择。社交媒体的胜利体现在它承诺人们可以自由自主地表达看法，但却把所有个体聚集在一个共同平台上——这明显就是一个悖论。随着公共智慧在地球村中逐渐成形，一种全球联网的职能也正在兴起，有些人把它叫作"全球大脑"。

实际上，这个概念是彼得·罗素（Peter Russell）在互联网时代到来之前发明出来的。1983 年，在其著作《全球大脑》（*The Global Brain*）中，罗素预测新技术会对人类意识产生影响。从那之后，这个概念就制造出一系列关于人类的新理论，但这些理论只能应用于电子世界。其中之一是后人类主义，泛指未来某个时代，人类不再主宰世界，而必须跟机器或动物相互融合，从而创造新的世界秩序；人类不再是宇宙的中心，而是跟其他智能（人工或动物）平起平坐的伙伴。这项运动的倡导者之一是唐娜·哈拉维，她关于技术影响人体感知的理论被媒体、文化及传播研究广泛引用。哈拉维还以与"赛博格理论"有关的作品闻名于世；这个理论是指机器会逐渐与人类融合，代替人体和精神的许多功能。但是，像哈拉维这样的学者却忽略了科技的悖论。我们总是在当下重现过去，因此人类的进步不是线性的，而是周期性的。

全球大脑理论学家的主要观点是，一个单一的信息学习沟通系统正在形成，它通过互联网联结整个地球，就像是一个庞大的神经系统。智能是集体或分布式的，不是任何人、机构或系统能控制的中心化模式。这意味着没有任何个体能够控制它；相反，系统可以自行组织或触发涌现（emergence），通过组件之间的网络及互动自我管理。表情符号的出现和发展只能被理解为是一种涌现的产物，它只能在共性比个性重要的全球大脑世界中被设计出来。

　　这丝毫不会牺牲个人的创造力，恰恰相反，它鼓励人们发挥创造力，正如研究对象说明的那样。其中一位研究对象说："这完全取决于你怎么定义创造力"，创造力在互联网时代的确是一个悖论。互联网是一个巨大的网络，人们在网络中可以相互联系、展示自己。早在 1945 年，哲学家德日进（Pierre Teilhard de Chardin）就预测到了这一切。当时他用"智力圈"（noosphere）一词描述我们现在的互联网，即展现人类"星球化"的认知环境，体现出一种他称之为"宏观生物学"的不可逆、不可抗的进化形式。自此，一种"全球思维"将会出现，不再强调个性化的人类想法，或强调原创者身份的重要性。德日进的理论一般被称为宇宙演化论（cosmogenesis）或有机主义（organicism）。它也成为全球大脑理论的灵感来源之一，认为个人及社会都是重要的刺激系统，出于物种生存目的而相互关联。俗话说的"两个人加起来肯定比一个人聪明"，如果放在这个框架下就是"所有人加起来肯定比一个人聪明"。

维基百科就是展示公共智慧与个人主义相互结合的例子，它将网络资源与无数个贡献者的集体智慧联系在一起。作者是谁并不重要，每个参与者都能找到一些成就感，因为个人的想法能被采用，并且聚合进他人的想法中，共同构成百科全书。最终，全球大脑的概念只停留在构想阶段，因为它并没有描述任何进化上的范式转变，只是描述了我们身处地球村的自我感知。全球大脑没有消灭个人主义智慧，只是赋予了它新的形态。

需要注意的是，在这一点上，德日进和麦克卢汉预测人类精神可能会被淘汰的前提是，他们对理论及构想有十足的热情。两位都曾发出警告，称技术和共同智慧理论属于人为创造的，而不是不可规避的演变过程——即人类终将淹没，人类的命运必然走上一条预先设定的路径。他们警告人们不要接受这种宿命论，并且坚持人的选择和自由意志仍然会让人类在宇宙中有所作为。集体智慧的确是一种创造。它描述了我们如何交流、互动、学习、感知自我；但它没有消除人类做出选择或改变事物的想象力。

表情符号在全球大脑的世界出现，构成了一种完美的语言。然而，它算不上一种完整的语言；因为它极易使用且具有许多通用语义属性，所以它不过是

The Semiotics of Emoji

占领世界的
表情包：
一种风靡全
球的新型社
交方式

264

在国家间快速风靡的符号。但表情也算是一种"流行语言",即在流行文化中有许多象征含义触角的语言,包括卡通及漫画书等。在整个现代历史中,语言的流行形式不断具体化,比如有些词语及话语风格就是在热门歌曲、电影、广告歌曲等形式中流行起来的。流行语言让人们变得"会说恰当的话"。这种话语形式在现代社交景观中随处可见,从广告、体育节目、电影预告片到新闻头条。大部分人把流行语言称为俚语,但这是不正确的,毕竟流行语是来自流行文化趋势的非正式表达,而不是某特定团体的语言习惯。

"流行语言"一词最早由记者莱斯利·萨文(Leslie Savan)在她 2005 年出版的名为《大灌篮与没头脑:语言与生活、商业、政治等你能想到的一切》(*Lam Dunks and No-Brainers*:*Language in Your Life*,*the Media*,*Business*,*Politics*,*and*,*Like*,*Whatever*)一书中提出,指的是应用在流行场景及文本中的语言形式,通过媒体在全社会不断传播,并被市场外力反复加强。萨文指出,全社会的人们都在使用一种语言风格,它带有内置的"鼓掌提示"以及"笑声音轨"。类似"这也太过时了"(That is so last year)、"别动"(Don't go there)、"找点事情干吧"(Get a life)、"我讨厌这样的事发生"(I hate it when that happens)、"没有比这更好的了"(It doesn't get any better than this)以及嘲讽的"我不觉得"(I don't think so)等短句来源于电视情境喜剧和流行电影,它们广泛地传播到其他媒体上,并逐渐成为我们的日常表达习惯。萨文认为,流行语言具有无意识的吸引力,因为它源自流行媒体,听上去很"时髦",与潮流同步。就像情景喜剧中的对话那样,这种语言形式轻松、自知、讽刺,充满奚落、俏皮话和夸张的语调。那么表情符号是否符合这个特征呢?某种程度上说,它的确能以一种有效的方式表达全世界的流行文化。正如之前提到的,表情具有反霸权的属性,能用来讽刺刻板无聊的严肃谈话。它符合人类心理幽默的一面,让人们在不受谴责的条件下自由地表达自己。从这个角度来看,表情符号实际上是一种治疗性语言,而不是无意义的废话。我们问研究对象:"表情符号是否让你在交流时感到舒服、减少面对面沟通时的那种压力?"每个人都给出了肯定的答案。一个研究对象使用了"治愈"一词,描绘她在挑选并插入表情符号时的感受。由此可见,表情符号是一种情感调和剂,它用有趣的图像给互动增加色彩并丰富了语义结构。它既是一种交流,又是一种娱乐。因此,它能带来社会及情感共鸣,提供有关现代社会及其价值观、恐惧、趋势的洞察。

表情符号或许能组成进化推动力,使语言更容易被全球大脑理解。英语的历史就呈现出向简化及可理解性发展的趋势。如之前所说,人们只需要读一下

The Semiotics of Emoji

占领世界的
表情包:
一种风靡全
球的新型社
交方式

266

乔叟或莎士比亚的作品，就能切身感受到英语这么多年以来的变化。其实，现在许多流行语言的拼写形式与过去许多人提出的建议相同。1828年，诺亚·韦伯斯特(Noah Webster)提议去掉一些英文单词中的字母u，比如colour(颜色)、habour(海港)、favour(喜欢)及odour(气味)中的u。他的提议被采用了，而这也成为英式英语与美式英语的主要区别，将美国从英国历史中区分开来。这种类型的语言变化总能代表与传统的决裂。英国人曾认为美式英语是有破坏性的，因为它不是"国王的英语"。某种程度上说，包括表情符号在内的新型书写风格之所以能在美国风靡，就是因为这个国家始终展现了一种突破传统的趋势。薇薇安·库克曾敏锐地指出：

> 我们对文字拼写的讨论常常表明，人们应当追求完美的拼写形式。正确无误的拼写及标点是刻在石碑上的禁令，如果想要打破禁令，就要违反文明行为默认的戒律。表情和标点就能引起感性而非理性的争端。

2011年，在琼·H.李(Joan H. Lee)题为《短信如何改变语言？》(*What Does Txting do 2 Language*)的硕士毕业论文中，她宣称，接触并使用流行语言使人们对词汇的接受度降低，因此词汇量会大幅减少。李发现，接触更多传统印刷媒体(书籍与文章)的学生更容易扩充词汇量。她说:"我们对短信的假设是它鼓励不受限制的语言,但研究发现这是错误的。"李表示,阅读传统印刷材料让人们能接触到语言的多样性和创造性,而流行语言及表情符号并不具备这样的特征。

当然,李指的是不同形式的创造力,毕竟我们无法将陀思妥耶夫斯基与推特用户相提并论,来比较他们的创造力。我们需要关注的是混合书写会催生什么样的文学题材以及它能否经受得起传统文学文本的考验。正如我们前文介绍过的,现在已经出现了纯表情文本。但目前为止,它们还没有像传统小说那样受欢迎或展现出相关性。研究小组的研究对象对当今读写时间的作用和意义有十分独到的见解。总的来说,我们可以从他们的简短回答中感受到他们需要两种读写能力:一种用于非正式的数字交流,另一种用于传统印刷时代的教育及科学目的。下面列举了一些研究对象的回应:

(1)我绝对不会在正式写作中用表情符号。表情真的只能用来跟别人聊天。

(2)我知道什么时候该用,什么时候不该用。

(3)相比缩写词,我更喜欢表情,因为它们有更多含义。我写论文的时候总想用表情,但我知道我必须努力不去这样做。

(4)表情是一种有趣的语言,但论文和科学本身

The Semiotics of Emoji

占领世界的
表情包:
一种风靡全
球的新型社
交方式

268

就不是有趣的,是吧?

(5)我从来没有在家人和朋友以外的场景中用过表情。

表情符号是一种有趣且娱乐化的语言。与其他人工语言不同的是,它正在使用中不断进化,从而更接近自然语言,表现出融入自然语言的进化倾向。表情是一种流动、有机的语言形式,在不同的文化中,表情的含义不尽相同,应用场景也不完全一样。人们赋予了表情新的用法及含义。本质上,在缺乏声音语调、语域、手势和面部表情的情况下,表情符号可以增强或澄清文本信息的含义及语境。总的来说,表情符号在没有明确语气的媒介中表达"语气"。它可以用作情感标点,放大效果、丰富语境、表示双关、增添细节,从而使交谈双方缓和语气,表达心声。

一位研究对象表达了一种十分有意义的看法:"我可以用一个字概括表情符号,那就是'有趣'。"他给研究小组举例证明了如果想发消息告诉朋友他喝醉了,他会选择图 10.1 中这个表情。

图 10.1 喝醉的表情

如果想发的信息是个警告,他就会用图 10.2 中的表情,并配上一句例如"啊,你可要小心了"的短句。

图 10.2 "啊,你可要小心了"的表情

另一个研究对象给我们提供了非常有趣的见解,她指出,在一段对话中,针对正在生成的语义以及相对松散的结构,最常用的表情符号针对正在生成的语义以及相对松散的结构,代表最基本的对话协议或视觉注释。她列举出了她认为最常用的表情,我们发现这些表情与网上一些评测和键盘配置保持一致(见表 10-1)。

表 10-1 某研究对象列举出的常用表情及其含义

表 情	含 义
	安静! 代表"闭嘴、安静"的隐喻
	炸弹、突发消息 代表炸弹及贝壳的表情混合词

表 情	含 义
	给我打电话哦！ 代表常见的打电话手势
	喜欢小题大做的人、戏精 用公主的表情代指，也可以用作签名
	祝你好运！ 由"竖大拇指"和"四叶草"表情组成的混合词，意思显而易见
	摇滚明星/摇滚不停！ 代表"摇滚不停"的手势
	去你的！ "竖中指"手势的表情版
	再见！ 代表"摆手"的手势，表示问候
	很性感、很迷人 用香烟（代表冒烟）和火（代表热辣）组成的混合词，从而制造出所代表的含义

第十章
一场交流
革命

271

正如我们在前几章中解释过的，表情符号涉及一种特定的语用能力，它很容易获得且不被与传统读写相关的能力干扰。总之，至少从目前来看，表情书写不会影响其他正式语域的写作实践。如另一位研究对象所言，表情是"一种隐语，有趣好玩，方便使用"。

昙花一现还是流传后世？

The Semiotics of Emoji

占领世界的
表情包：
一种风靡全
球的新型社
交方式

272

每本书都需要一个结论，但对于表情符号这个主题，我们却很难总结出一个明确的定论。目前的研究包括太多相关的想法及研究发现，也反映了表情符号本身的综合性及复杂性。如果我们必须给这种新型写作下一个结论，考虑到它难以捉摸的属性，提一个问题反而是更恰当的表达方式：表情符号是一时风靡，还是成为一种新型的全球书写形式？

首先，在全球大脑的环境下，越来越多的视觉性形式出现在具象性及交流性的实践中，表情符号就是在这样的背景中出现的。但与布力辛博语不同的是，表情符号没有用法与构造的封闭规则系统。它是一种替代性文字形式，为文本增添细微信息，增加感情、寒暄、修辞效果，从而将言语含义注入文本写作中。本书中探讨过的几个关键主题值得再次以总结的形式强调一遍：

（1）表情符号主要应用在非正式信息中，一般在熟人、朋友及其他适合使用非正式口吻的对象之间使用。它们的使用场景已延伸到各种线上场景中,比如推特、Instagram、交友网站、广告界及政治领域等。

（2）表情符号是由标准化体系比如统一码联盟提供的,它们本质上是一种视觉字母表,使用者将图像插入文本结构、概念及语用义中。表情基本上已取代了之前非正式写作中的问候及标点符号形式。

（3）最常见且有效的表情应用是在混合书写中。信息中的概念流影响图像的具体分布,也就是说,被放置在具体位置的表情要么用来强调词语或短句的含义,要么作为情绪停顿的标记。

（4）因为解码成本过高,纯表情书写(比如用表情翻译整本书或广告词)没有广泛普及。

（5）表情符号主要以辅助形式的使用为主,就像古代的画谜以及图示手稿那样,图像仅用来帮助读者更好地理解内容,或者解释并加强文字文本的语气。它们也可以用作嘲讽或讽刺的目的。

（6）表情符号是情绪的增强剂,让使用者创造或维持一种友好的口吻,减少类似面对面交流中的潜在冲突。

（7）表情符号在很大程度上放大了书写实践,以新的方式再现过去的表形及图示的书写做法。这并不意味着表音文字已彻底过时,相反,使用者可以因此思考混合书写与其他书写模式的关系,比如严肃正式的哲学性写作。

(8)表情符号符合"节省按键原则",从侧面反映出了我们可能已经达到简写及缩略短语的极限。

(9)表情符号可以分为两部分,核心词汇及次级词汇。前者具有的通用性较高,后者反映出跨文化应用产生的表情符号变体。

(10)对表情符号书写的批评起源于对印刷时代读写能力特征的理解以及认为思想的复杂性与书写的复杂性正相关的潜在感知。这种看法对于特定的语言使用来说或许是正确的,比如哲学写作,但它并不构成一种普遍的认知法则。比如,在数学中,压缩(比如公式或方程)才是象征复杂性的形式,而不是详尽的阐释。

(11)表情符号将视觉性元素以全新的形式带入了表音文字中,使我们可以重新感受早期书写体系中的视觉性模态。

(12)表情符号是一种流行语言,系统地表达幽默、友好、大笑以及乐趣。表情符号从漫画中获得灵感,这并非巧合。

达达主义、未来主义甚至偏爱小写字母的作家 E. E. 卡明斯都预示着表情符号书写时代的到来。卡明斯用小写字母写作,在他的作品中大量运用错乱的句法、少见的标点符号、新式词语、俚语元素、填充空格以及各式视觉形式(比如把他的诗打造成动物形状或

The Semiotics
of Emoji

占领世界的
表情包:
一种风靡全
球的新型社
交方式

274

他想要的形式）。表情符号可以说是最能代表现代书写改革的形式了，比严格的表音文字形式更能代表不同书写模式。它还是一种卡通风格的写作形式，让我们保持愉悦，远离世界上真正的问题。这其实是卡明斯描述小报时曾提到的："小报之于典型美国人的意义好比圣经之于朝圣者的意义。在这个纷扰的年代里，它像是一份及时的救助，让我们远离喧嚣，无害且幻想般地沉溺在诡幻世界的浮华与虚荣中。"（引自《名利场》1926 年 12 月刊）

所以，再回到本书及本章开头的问题：表情符号的崛起和普及是稍纵即逝的潮流，还是预示着全新通用语言的到来？我们实在无法获得确凿的答案。"地球村"趋势的发展极其迅速、变幻多端，任何一种答案都有可能。正如一位研究对象告诉我们的，随着语音激活技术的发展，键盘通信很有可能被取代，表情符号的时代也有可能被视觉化的语音交互形式代替。因此，我们很难得出定论。在我看来，就像研究对象所说的，表情符号现象很可能是昙花一现，随着新技术的发展以及新需求的产生，表情符号终将会逝去。人类的交流体系有极强的可塑性和适应能力，能对世界及人类意识的变化做出回应，常常与它们动态地交织在一起。因此，可以以当代作家道格拉斯·亚当斯（Douglas Adams）的话作为结尾：

最初，我们觉得电脑只是个计算器。然后我们发现了怎么把数字用信息代码转化成字母——电脑就随之变成了打字机。之后我们发现了图形，于是觉得电脑是台电视机。万维网到来之后，我们发现原来电脑是本小册子。

The Semiotics
of Emoji

占领世界的
表情包：
一种风靡全
球的新型社
交方式

276